Digital Economy
and Social Design

記憶のたたずまい　阿佐ヶ谷の書庫を訪ねる

松家仁之

ある日、気になるものが目に入った。

クルマを運転し、早稲田通りを中野から阿佐ヶ谷方面に向かう途中だった。ほぼ毎日、同じルートを同じように走っていたから、それに気づくチャンスは以前にもあったはずだ。しかし、記憶をさかのぼっても、なにも思い浮かばない。その日になって突然、向こうから何かの合図が送られてきたかのように、視界にとびこんできたのだ。

小豆色の建物。道路側から見ると、左上の奇妙な位置に小さめの窓がひとつだけあいている。そのほかは、とりつく島もない風情で小豆色の壁が立ちあがっている。東側の角の一部を切り落としたような窪みに、ドアがある。ひとが頻繁に出入りする気配はない。住まいではないだろう。倉庫にしては玄関のドアが小さい。スタジオだろうか。

工事中には目がとまらなかった。足場が組まれてシートがはりめぐらされていれば、それはどこにでもある「建設中」の光景だ。工事の終盤でシートと足場がはずされたとたん、まわりとはなにかちがうものが現れたのだろう。

ほどなく、建物の正体が判明した。偶然とは思えないタイミングで、建築にくわしい知人からメールが届き、小豆色の建物が個人の書庫なのだとわかる。ぼんやりした疑問も、壁面ばかりが目立つ理由も、するするとほどけた。まもなく内覧会がありますよ、と同じメールで教えられ、一も二もなく訪ねてみることにした。

春さきの日射しがまぶしい週末だった。

玄関のドアをあけ、なかに入る。円筒形の空間にぐるりと並ぶ本。春の匂やかな風や、明るいひなたの温度、街のせわしない雑音を遮断して、一瞬のうちにクールダウンさせる内部の静まり。見えない滝となって天井から落ちてくる本の匂い。未知の個人の世界がここに広がっていることを肌で感じる。肌で、ではなく全身で、かもしれない。

ドアを背にして立つ玄関は、円筒形の底ではない。らせん階段は半地下へとつづいている。階段を降りた中央に立つと、おおきな井戸の底のようだ。天井ドームの中央にぽっかりあいた丸い窓に向かって、らせん階段がのぼってゆく。からだが吸いあげられるような感覚。

書くことや読むことを仕事にするひとの書庫は、いくつか見てきた。そのほとんどが、どこか似かよっていた。書棚はちょうどこの本文組のように並行して設置され、本の持ち主はせまい行間を行ったり来たりして、本の背をながめ、ときに中途半端にかがんで本をとりだし、また差しこんでという単調な動きを繰りかえす。

上にむかって書棚を舐めあげてゆくようならせん階段がめぐらされたこの書庫では、書棚に伸びる手や視線の方向には、さまざまな角度や距離のとりかたが許される。はじめてここに招かれたなら、並ぶ本の背文字をひとつひとつ見てゆく好奇心より、らせん階段をのぼりおりするにしたがって書棚の眺めが変化するおもしろさがうわまわる気がする。タイトルの文字よりも、背表紙のランダムな色の組みあわせによるタペストリーのような絵柄のうつくしさに目がひかれる。本はもともと、工芸品だったのだと思う。

半地下、一階、二階——それぞれのフロアに、居住空間に必要な機能が付属している。半地下には寝室。ここならきっと、静かで深い眠りを得られることだろう。一階にはトイレとシャワー。二階には書斎とキッチン。書棚にあけられた出入口から隣の小さな円形の書斎に入れば、書庫の円筒形になった本の磁場からいったん離れることも可能なのだ。

二階の書斎の机に座ると正面に窓がある。道路側から建物を眺めたとき、一箇所だけ不思議な場所にあいていたのはこの窓だ。世界から無償の光が注がれる天井ドームの丸窓とはちがい、「世間」や「社会」に目が向けられ、開かれている窓――だろうか。ここからは外の気配も伝わってくるし、風や光も入ってくる。この書庫の持ち主、松原隆一郎氏が「社会」を研究の対象にしていることを思いおこさせる窓だ。書斎の机や椅子には一万冊の本を背にかかえながら机にむかう、持ち主の気配がまちがいなく漂っている。

円筒形の書庫に宿るものがあるとしたら、それはなにか。書棚のヘソのような位置に、ろうそくと線香が灯された仏壇が収まっている。持ち主の一族の物語はのちに知ることになるのだが、それは書棚に並ぶ本に記述された物語を押しのけるほどの迫力がある。本とは記憶のための装置だと思えば、一族の記憶がこもる仏壇は、書庫の象徴にふさわしい。いまここにたどりついた松原氏の個人史が、一族の歴史が、この書庫には宿っている。

円筒形の空間でしばらく呼吸しているうちに、この建物全体が、しなやかに背筋を伸ばし、二本の脚と胆力によってすっくと立つ、ひとの姿そのものに見えてくる。内覧会で挨拶し書庫について説明をするとき、松原氏は講道館柔道三段の武道家らしい、凛とした立ち姿を見せていた。氏の文章に、足払いや体当たりなどではびくともしない、重心の低い構えがあるのと、それはとてもよく似ていた。

［まついえ・まさし　小説家・編集者］

書庫を建てる

1万冊の本を収める狭小住宅プロジェクト

松原隆一郎
堀部安嗣

新潮社

松原隆一郎

はじめに

2013年の2月、東京都杉並区阿佐谷北六丁目の早稲田通り沿いに書庫が完成しました。狭小、わずか28・7平方メートルの土地で、設計は堀部安嗣さん。1997年に阿佐谷北三丁目の自宅をリノベートしてもらった時はまだ大学を卒業して間もない新人でしたが、この15年ほどで着々と仕事を進め、いまや建築専門誌がまるまる一冊を使って特集を組むことも珍しくない名建築家です。

完成前のこの土地には工事中であることを示す看板がかけられ、「松原書庫新築工事」と表示されていました。たしかに書庫が大方を占める家には違いありませんし、私は学者ですから、学者らしい夢を実現したと思う方もおられるでしょう。なるほど私の研究室のみならず自宅にも本が溢れています。それを収蔵する専用書庫を持ちたいと願っても不思議ではありません。けれども私はたとえば仏文学者の鹿島茂氏のように稀覯本を多数所有しているわけではありませんし、古書がネットで買えたり電子書籍も普及する時代が到来したからには、大半の本を手放して生きるという選択肢もありえます。私がこの家を建てようと決意するには、むしろ他の事情が深くかかわっていました。私は通常の愛書家が望むように書庫を建てたのではなく、別の理由からこの家を建てることとなり、結果としてそれは書庫になったのです。

その理由は、「長男が実家から離れて職を持つとき、『家』はどうなるのか」にかかわっています。ここでいう「家」とは物理的な実家を指すとともに、先祖から続く「イエ」も意味します。墓や仏壇に象徴されるようなイエは、長男が実家から離れてしまったらどうなるのか。多くの長男が共通に抱えるこの問題に、私なりに出した答えが「実家を売って得た資金で、仏壇を主《あるじ》とする家を新築する」というものでした。

実家を売却するという選択は、多くの方が現実に迫られているものでしょう。しかしそれで得た資金をまるまる投じて家を新築するとなると、決断が必要です。資金をそのまま流動資産として蓄えることも可能なのですから。ではなぜ私は実家を売却した資金で書庫を建てる決断をしたのか。ことの経緯を知っていただくためには、回り道におつきあい願わねばなりません。それは私の祖父母の仏壇が、堀部安嗣という希代の建築家と出会うまでの物語です。

堀部安嗣

はじめに

2013年2月、およそ一万冊の本と仏壇が無事に〈阿佐ヶ谷の書庫〉に収まりました。本を棚に入れる作業は私の大学院の教え子たち20名が協力しながら行い、当初の予定より早く終えることができました。本と仏壇が本棚に収まったことで建物の雰囲気が変わりました。建物全体に血が巡りはじめた感じがします。

〝本と仏壇を収める〟という最大の使命を果たせたこと、そしてなにより昨晩施主の松原隆一郎さんからいただいた「素晴らしい空間をありがとうございました」との言葉にホッとしたところです。もちろんこれから春夏秋冬を経て、そしてさらに何年、何十年後の姿がどうなってゆくのか、その時の変化の中で松原さんに快適に使っていただけるのかなど、まだ期待と不安が入り交じった状況ではありますが、とにかくこのプロジェクトに対して文章をやっと書き始められる状況になったことは確かです。

つねづね家一軒の設計をしたら一つの小説が書けると思っていました。それほど家作りには唯一無二の濃密なドラマが展開されます。しかし今回その考えはある意味間違っていたと気付きました。なぜなら小説は一つではないからです。施主の視点から、設計者の視点から、施工者の視点から、あるいは工事現場の隣に住んでいる人の視点からでも、いくらでも小説が書けるのです。あるいはパラレルワールドのように別々の世界が並行に進行して、あるときそれらが交点をもち複雑に絡み合い、影響し合い、知らず知らずのうちに予期せぬ化学反応を起こしてゆくような、そんな小説も書けるのでは、とも。工事中に執筆を始められた松原さんの〝物語〟を読み、そんな思いを強くしました。

ともかく、ここでは設計者として自分の設計のプロセスをありのままに書きたいと思います。このプロジェクトを見直すこと、さらに松原さんとの17年を振り返ることは、自分の20年間の設計活動そのものを見つめ直すことにつながるでしょう。そしてその物語の先には今後の活動の決意表明のようなものが見つかるのではないかとの期待も持ちつつ……。

目次

家を建てるわけ

2008.09—2011.06

松原隆一郎

家の来歴　戦前

ある写真との出会い

２００８年の９月、父が亡くなりました。最後の半年間、私は毎週のように父を訪ね、介護施設には刺身を差し入れ、病院では車椅子を押したりしました。そうした折り、私は無人の実家に泊まりました。実家は１９９５年の阪神・淡路大震災で全壊。近所に住んでいた下の妹が亡くなり、母も後を追うようにして他界して、上の妹が嫁いで一人きりになると、父は実家を新築しました。その家は、庭の植木や何枚かの絵以外、私には馴染みのない建物でした。そしてこの家の和室には、まるで主でもあるかのように大きな仏壇が鎮座していました。

その古いアルバムを見つけたのは、葬式を終え一段落した後、家を片付けていたときのことでした。戦前のもので、祖父の当時の会社関係の人たちが写っていました。綴じ代は朽ち、ページが剝がれています。そうした中に何枚か、船の写真が混じっていました。

そのうちの一枚で、アルバムを繰る手が止まりました。二隻の大きな木造船をバックに、中央には着物で正装し番傘をさした女性が立っています。お祖母ちゃん子だった私が見間違うはずもない、これは祖母の松原菊枝（戸籍名は「きくゑ」１９００〜８２）です。しかし隣の男性は、祖父ではない。私にはまったく見覚えのない顔です。男性は洋服で正装し、片手をポケットに突っ込み、ソフト帽をかぶっている。着物姿の少女が寄りそっています。その子が誰かも、私には分かりません。周囲にいる人々のいでたちも不思議です。蓑で全身を覆った男、褌の男、羽織袴にソフト帽の男。

木造船には「HYOGOUWOZAKI」第弐喜久丸と記されています。「魚崎」とは私の実家があった神戸市東灘区の町名で、阪神電車と住吉川が交差するところに駅があります。戦前は住吉川沿いに祖父が大邸宅を構えていたので、その住所が記されたのでしょう。商船の進水式でしょうか、まるで植田正治の写真のようにシュールです。これはいったい、何なのか【32〜33頁】。

そういえば祖父は戦前の一時期、みずから造船してフィリピンや満州・朝鮮に貨物を運ぶ仕事をしていたと言っていました。しかし私の記憶が始まるのは戦後もすでに15年は経過した頃で、家業といえば製鉄会社。それが時代の波に乗り急成長していて、実家はそこそこ裕福でもありましたから、祖父母から戦前の話を聞かされてもさして興味を惹かれませんでした。だからこの写真がどこの浜なのかも含め、詳細は分かりません。

父が亡くなり、私は実家や仏壇、墓を上の妹と下の妹の二人の子どもたち（甥・姪）とともに相続しました。しかしこの写真が何なのかを知らないということは、「イエ」の由来が分からないということでもあります。家屋としての「家」は相続しても、「イエ」の歴史や記憶は引き継いでいないのです。改めてそう感じました。

戦争と祖父の船

Googleで祖父の名前を検索してみました。祖父は松原頼介（戸籍名。「頼介」は「負」を含む「頼介」と書かれるのを嫌った通名。1897〜1988）、山口県山口市鋳銭司《すぜんじ》の出身です（五年ほど前に訪ねた時には、四辻駅近くの生家は無人で残っていました）。そうしたところ、祖父本人にかかわりそうな資料がヒットしました。「兵庫県戦時船舶と徴用船・戦没船名簿」と名付けられています。驚いてダウンロードし、表の文字を追いました。第五喜久丸

松原がイエの来歴を遡るきっかけとなった写真。松原の大伯父・石堂軍治が所有する機帆船「第一喜久丸」と「第弐喜久丸」の進水式を写す。中央で番傘をさす女性が石堂の姉妹で松原の祖母・松原菊枝。小さな女の子の左に立つのが石堂と思われる。女の子は、進水式で支綱切断の役目を果たした可能性が高い。また周囲にいる褌姿の男性は、丸木で船を転がし進水させる「コロ卸進水屋」である可能性が。1938(昭和13)年頃、愛媛県・怒和島あたりで。

182トン、第七号喜久丸184トン、十一号喜久丸184トン、第十二号喜久丸213トン、喜福丸49トンの五隻の所有者が松原頼介となっています。背筋にザワっとするものがありました。祖父が所有していた船のデータです。ただし写真の船には「第弐喜久丸」と書かれており、この資料には見当たりません。

戦時船舶、徴用船、戦没船。船は軍に徴用されたと祖父は言っていましたから、そのことなのでしょうか。続けて「徴用船」も検索してみました。そして分かったのは、おおよそ次のようなことでした。

日中から日米へと戦争が続いた昭和10年代後半、日本軍は軍艦だけでは戦えなくなり、民間の貨物船も徴用し始めました。船の製造能力が乏しくなって、軍備をほどこさない貨客船、さらには木造船までが軍用に使われたのです。商船は航行中に軍艦とすれ違うと商用航行の中断を命じられ、軍艦として物資や兵隊を運ばされました。しかし大半は米軍の魚雷で撃沈され、商用の航行に行ったはずの船員が帰らないことも珍しくはありませんでした。政府発表では、官民の一般汽船が3575隻、機帆船2070隻、漁船1595隻の計7240隻が徴用されています。さらに商船の徴用は公式ではなく、軍側の記録は多くがマル秘で終戦直後に処分されてしまいました。船員の死亡率は四割を超える異様な高さに上り、しかし多くはどこで戦没したかも分からず、遺骨も戻りませんでした。そのためいくつかの団体が、いまなお熱心に情報を集めています。

民間でも商船三井や日本郵船といった大手の船会社は、徴用船にかんし記録を残しています。神戸には全日本海員組合の「戦没した船と海員の資料館」があり、「ぶらじる丸」など大型の貨客船を中心に情報を収集しています。さっそく訪ねましたが、ここでは中小の貿易会社の商船についてはほとんど行方が分からないと言われました。大手の船会社は生き延びた人たちから情報を集めましたが、祖父所有の木造船などはそうした情報網にもひっかからなかったのです。

資料館で『戦時日本船名録』を見せてもらったところ、あるページに目が釘づけになりました。そこには別のデータが掲載されていたのです。第六喜久丸184トンの所有者が松原菊枝、第一喜久丸141トン・第弐喜久丸141トンの所有者は石堂軍治となっています。石堂家は祖母の実家で、軍治は終戦後間もなく亡くなった兄です。とすれば写真で二隻の船を背に祖母と並んでいるのは、石堂軍治なのでしょう。軍治には三人の娘さんがあったので、傍らにいるのがその一人かもしれません。見覚えがないのも当然ではあります。

戦没船にかんするこれらのデータには、建造された日付と、廃船となった日付が記されています。総合すると、こんなことになります。

昭和10年に祖父が機帆船（喜福丸）を取得しました。さらに13年に祖父（第五）、祖母（第六）とその兄（第一・弐）が四隻の機帆船の所有者となります。さらに祖父は14〜15年には三隻（第七・十一・十二）をみずから建造しています。合計で八隻の巨大な船を所有したのです。

そのうちの第七号はフィリピンのセブ島で19年9月20日、船員二名とともに沈没しました。「国は何もしてくれんかったが、儂は遺族に補償した」と祖父は言っていましたから、徴用されたのでしょう【36頁上】。

他も次々に徴用され、沈没（第六＝昭和14年11月、第一・第五＝19年4月。第弐＝同7月、第十一＝20年1月）しました。第十二号は海軍第八艦隊に正式徴用（横須賀鎮守府配属）、20年の9月には解用され、26年に抹消されています。祖父の手元には、小さな喜福丸だけが残りました。「わが国商船隊は太平洋を墓場に壊滅した」（日本殉職船員顕彰会）と言われますが、祖父たちの船もその通りの運命をたどったのです。

データや写真は何も喋りませんが、しかし祖父母の気持ちが伝わる手がかりもあります。最初に私が関心を持った第弐号の写真につき日本郵船歴史博物館関係の方に読み取れることを伺ったところ、こんな答えが返ってきました。

「造船工程において、進水式は船が初めて海に浮かぶ瞬間でもあり、とても重要視されています。そのため、華やかな式典が開催されるのが一般的です。とりわけ小型船主にとっては一生のうちにそうあることではな

上・下／松原の祖父・松原頼介が造船し所有した機帆船「第七号喜久丸」の進水式。船の門出を祝い様々な旗を飾る「満船飾」で華やぐ。上の写真の左奥には建造中の船が見える。1940（昭和15）年頃、現在のたつの市御津町あたり。

上／船上の祖父・松原頼介。自身が造船し所有した船（どれかは不明）の進水式にて。1940（昭和15）年頃。式典では、船主みずから鳩を飛ばして船の門出を祝ったと思われる。
下／家族揃っての記念写真。祖父の事業が成功した1930（昭和5）年頃、広島県の厳島神社にて。左から祖父・頼介、父・孜、祖母・菊枝。

かったため、その意味合いは大きくなり、盛大な式典が開催されました。

進水式の集合写真にある船二隻は、船尾からおろす一般的なやり方です（写真では船首が陸の方を向いています）。また、小型船であったことから、手前に写る丸木で転がすような進水手法をとったものと思われます。ふんどしをまいた男性（向かって左）、丸木に足をかける男性（向かって右）などは、そのコロ卸進水屋である可能性が高いです。（中略）船は一般的に女性に例えられるのが常で、英語でも常に『she』と呼ばれます。こうした背景から、進水式に斧で支綱切断する重要な役目を、振り袖姿の若い女性にお願いする習慣がありました。大きな船会社などでは、代表者の男性が務めたりもしましたが、とりわけ小型船などでは、若い女性にお願いすることが一般的だったようです」

祖母やその兄は正装をしていますが、それは貨物船を建造し進水させた緊張感と誇らしさから来るものなのでしょう。『戦時日本船名録』のデータには怒和島造船所（愛媛・松山）と付記されていますので、怒和島に行ってみたところ、なんと「子どもの頃に喜久丸を造りよるところを見に行った」と語る88歳の古老と出会いました。とすれば背景は怒和島の浜（おそらく元怒和の小原）、船大工は現地の人々（船首の目玉マークからすれば助田と川下の各造船所関係者）です。祖父は大正頃までは陸路より盛んであった瀬戸内の海路交易に知識があったのかもしれません。怒和島在住の松山離島振興協会長の田中政利さんは、「141トンの船は一隻だけでも建造するのは受注者にとっても相当なことなので、「二隻造ったのはとてつもないこと。村としては大騒動だったじゃろう」と言います。その高揚ぶりを示すのがこの進水式の写真だったのです。

みずから造船した船の上でハトを放っている祖父の写真もありました【37頁上】。帽子をかぶり手を振っています。未来に向けて野望を隠しきれないといった風ですが、これらの写真が鮮明なのは写真屋を呼び、三脚を立たせて撮影したからでしょう。とくに第七号は御津町（現在はたつの市）の湾の沖から撮影されていますから、停泊させた船上から写真を撮ったことになります【36頁上】。第七・十一・十二号の三隻は御津の浜でみずから陣頭指揮して建造しただけに、よほど記念にしたかったのでしょう。

また一見して気づくのが、船名がいずれも「喜久丸」となっていることです。「キク」と言えば、我が家では祖母「きくゑ」がすぐに連想されます。そういえば昭和の初期、神戸市の王子動物園付近に家があった頃、イケイケで羽振りの良かった祖父は大正時代の成金を真似したものか、神戸一の花街であった花隈町の芸者を大勢引き連れて一週間、青森旅行をしたことがあったそうです。ところが遊びに遊んで芸者軍団と神戸に戻り、道でばったり祖母と鉢合わせしてしまいました。年齢を計算すれば祖父は30代前半。祖父母はのちに笑い話としてそう語りましたが、船名を「キク」にしたり船を祖母の所有としたのは、それでお灸を据えられたからに違いありません（船名を愛妻の名にすることじたいは、慣習ではあるのですが）。

こうして私は一葉の写真に導かれるようにして戦前の祖父に関心を持ち、調べるようになりました。私は父からは「ウチは大金持ちや」とばかり聞かされて育ったため、祖父が山口から出てきてすぐに成功したのかと勘違いしていました。それゆえ祖父がいかにして裸一貫から巨万の富を得、それをなくしたのか、また戦後はどのように再出発したのか、その間どんな心境だったのか、生前に詳しく尋ねることもありませんでした。しかし数少ない証言と情報の断片をつないでみると、大正から昭和にかけ戦乱と高揚の時代を生きた一人の男の苦闘が朧気ながら見えてきたのです。

祖父の出発点

私の言う「イエ」つまり松原家は、祖父に始まります。何代も続く庄屋もしくは地主のような家系ですが、次男坊だった祖父は中学を中退して、兄と二人でフィリピンのバナナ農園へと渡ります。フィリピンは16世紀からスペインの統治下にあり、苦難の末に独立しましたが、1898年に今度はアメリカが支配下に置くこととなり、南部ミンダナオ島のダバオには兵庫県出身の実業家が1903年に農園を開いています。これを受け多くの日本人がダバオに渡るようになり、1910年代にはその数は一万人に達し、日本人町を形成するに至りました。祖父兄弟はどこかで人手募集の情報を聞きつけ、一旗揚げに出向いたのでしょう（行先がダバオかどうかは不明）。しかし小柄な祖父は体がきつく、一年たらずで這々の体で帰国します。大正初期のことかと思われます。

父の死亡届を出しに区役所に行った折、見知らぬ住所に気づきました。父の出生届が昭和2年、現在の「神戸市兵庫区東出町」で出されていたのです。「東出」という町名は、親族の誰からも聞いていません。さっそく、訪れてみることにしました。神戸駅で降りて南口から線路と港の間を南西にしばらく歩くと、川崎重工業の工場があります。これはかつて神戸の産業を牽引した川崎造船所で、その所在地である東川崎町から道を渡ると東出・西出という町名に出会います。

この地域に足を踏み入れた私は、ハイカラで高級なイメージの神戸とは対照的な寂れた風景に戸惑いました。細い路地に家屋が密集し、小さな町工場が点在しているのです。町の中心にあたる「稲荷市場」は、かつては賑わったのでしょうが、数軒を除きシャッターが降りています。阪神・淡路大震災の復興もままならぬまま衰退したのでしょうか。いまどき珍しいトイレ共用のアパートでは、部屋の窓を開け放ち、昼間というのにテレビをつけて寝転んでいる中年男性が見えたりします。

この地は平清盛が修築した大輪田の泊とも言われ、湊川のデルタ地帯に土砂が堆積して出来たとされます。のちに兵庫津となり室町時代に足利義満が日明貿易の拠点港としたため栄えますが、なにより明治29（1896）年、港湾部に川崎造船所が設立されたことが大きく、戦時中は軍艦も作るなど、造船の拠点として神戸発展の原動力となりました。昭和の終わり頃まで、神戸駅から川重神戸工場へと続く七〇〇メートルほどの道は、出勤時間ともなるとラッシュアワーの山手線内のように人でごった返しました。

人口はというと、隣の西出町が大正9（1920）年の国勢調査では4459人。平成13（2001）年の神戸市統計では1402人（東出町は847人）ですから、三分の一に減少したものの、かつては工員や船員で溢れる労働者の町だったのです。

目立つのは路地の角々にある酒屋です。幅一メートル以上もの立派な看板を何枚も掲げている店舗もありますが、大半は閉まっています。その多さは、仕事帰りの労働者が飲んで疲れを癒やしたことを示しています。光本酒店という現在は閉店している立派な酒屋さんで話を伺うと、当店では昭和末期まで朝の交代の時間から工員さんが店内に溢れ、片方の肘だけをカウンターに乗せ、回転寿司風にコンベアーで回ってくる天ぷらなどのつまみで一杯やったそうです。あまりに多くの客なので、川重の重役さんは家族の居住室に通して飲んでもらったとも言います。そうした賑わいは、川重神戸工場の衰退とともに急速に失われました。

父の出生地である場所を、住所で割り出しました。長屋のような数軒が該当します。呼び鈴を押すと、80歳近いものの喋りの明晰な女性が出てこられました。父より4〜5歳下でしょうか。昭和初期の小学校の様子についてもよく覚えておられましたが、「松原」という家族には記憶がないと言います。途方に暮れ、地元で土地の来歴を調べている方に尋ねると、「かつては土地の番号である地番と住居の番号である住所がそれぞれ記録されていた。さきほど行かれたのは現在の住所ではないですか」と指摘してくれました。そこで神戸地方法務局に行き、大正末から昭和初期の地図を確認しました。なるほど、出生地の番号は別の場所を示しています。そこを探してみました。

稲荷市場から路地に入り、奥まで歩くと今は閉店している風呂屋があります。その角に至る手前でさらに細い路地があり、奥に井戸の跡と小さな家が数軒見えます。ここが父の出生地なのか。私が吹きこまれてきた「戦前の松原＝大金持ち」のイメージは、大きく揺らぎました。高級な和服を着こなしていた祖母がこの路地を歩き井戸で水を汲んだとは、想像できません。しかし同時に、中学中退の身でありながら、ここに住み着き成り上がった祖父に、これまで以上に親近感も湧いてきました。

ここから稲荷市場まではほんの一〇〇メートルほど。そのアーケードに戻ったとき、同伴していた家内が素っ頓狂な声を上げました。「これ何？『ダイエー発祥の地』って書いてある！」。草の茂る狭い土地を囲う金網の内側に、金属柱が立っていたのです。ここは1922年生まれの中内㓛が幼少から青年期を過ごした実家の「サカエ薬局」の跡地でした。薬局の木造家屋は、現在は中内が創設した流通科学大学に移築されています。その中内が、昭和初期の当地の雰囲気を生き生きと回想しています（『中内㓛　回想録』）。この東出・西出あたりには、国内から流れ着いた次男坊と、朝鮮人・沖縄人が移り住んでいました。酒屋はカウンターで升に酒を入れて売り、落花生をつまみに泡盛を飲めば喧嘩が始まり、公衆浴場では男たちが入れ墨の自慢をしました。今も稲荷市場の脇にある神社のビリケン様には、一キロほど離れた福原遊郭の女性たちが夜な夜なお参りに訪れました。

何故、次男坊なのか？　農業を経済の中心とする長子相続の家制度では、長男が田畑や山林などの家督を継ぐと、次男以下は仕事を家の外に求めるしかありません。川崎造船所や神戸港は、そうした労働力を職工や荷役として吸引しました。周辺には下請けの町工場も密集します。古都である大阪や京都とは異なり慶応3（1868）年に開港されたばかりの神戸は、全国から野心を持つ労働者が集まる新興都市だったのです。石川達三の『蒼氓』でも、神戸は移民収容所を有し、「ぶらじる丸」でブラジルに渡った移民が二度と戻らない土地として描かれています。この地で食いはぐれると国内に行き先はなく、海外に出るしかなかったのです。

中内はこの地を、「不安と将来に対する期待とは、いつも混沌として、やっぱりカオスの状況でしょうね。何かエネルギーがある」と形容しています。カオスとエネルギーに満ちた大正時代のこの土地に、祖父はフィリピンから逆に流れ着いたのでした。どれほど切羽詰まった心境だったでしょう。

1902年生まれの推理小説作家・横溝正史と1908年生まれの日本画家の東山魁夷も、上京するまでの青少年期をこの区域で過ごしています（東山家は西出町の船具商、横溝家は東川崎町）。祖父よりも5歳・11歳下でした。二人ともここの土地柄には愛着があったらしく、故郷の旧家についてエッセイを残したり、小学校で講演しています。この町は、成り上がって出て行くことを夢見る若者たちが雌伏する場所だったのでしょう。仕事に走り回る祖父と、中学卒業後は第一銀行（のちの第一勧銀）に勤めた横溝、小学生から中学生時代の東山、幼少の中内が路地ですれ違ったり、同じ風呂屋で湯を浴びたかと想像を巡らせると、ゾクゾクしてしまいます。

戦前の仕事

祖父は大正末のこの地で事業に成功します。荷車を引いて油を売る商売をしたとか台湾で綿の栽培をしたとかという人もいますが、大正14（1925）年、町内の川崎造船所近くに合資会社松原商会を創立しています。法務局への登録によれば、目的は船具販売。大正15年に結婚、翌年長男の孜《つとむ》がここで生まれます。祖父は30歳、事業は順調でした。祖父母はいったん王子動物園近くの水道筋に転居、会社も三宮、いまのサンプラザとJRの線路にはさまれた道路のあたりに移します。父が着物姿の祖母と手をつなぎ、その横で白いタキシードにちょび髭の祖父が胸を張って写っている写真があります【37頁下】。父の生年からして、昭和5（1930）年頃のものでしょう。背景は安芸の厳島神社。この写真を東出で見せたところ、老人が「儲けてここから出て行った人がする格好やな」と笑っていました。

昭和7〜8年頃には東灘区魚崎の住吉川沿い、灘校の南隣に一〇〇〇坪の大邸宅を構えます（現在はマンション二戸が建つ土地）。谷崎潤一郎が『細雪』を執筆した際に住んだ（昭和11〜18年）「倚松庵《いしょうあん》」は、住吉川の対岸を一〇〇メートルほど下ったところにあります。祖父は同じ時代の空気を、川をはさんで大谷崎とともに吸っていました。

昭和12年の『神戸市商工名鑑』には、松原頼介を社長とする「松原商会」の名が所在地を三宮町として掲載されています。「綿帆布、防水帆布」の卸輸出業、販路は朝鮮・満州・内地、取引銀行は住友・安田・三菱・朝鮮となっています。しかし法務局へは届け出ていないので、個人の信用で商売したのでしょう。

この頃には神戸市の納税ランキングで五指に入るまでにのし上がります。布の表面をコールタールでコーティングするという防水加工技術を発明、冬場の零下30度でも固まらず畳める防水シートが重宝されて、南満州鉄道に納入したのです。「金は湧いてくるみたいやった」と祖父は言っていました。魚崎町内の天上川沿いに「松原帆布」と「松原商会」を移し、戦後に関西帆布の工場となり現在は巨大なマンションが建っている土地に紡錘工場、道をはさんだところに二つの裁縫工場を構えました。工場ではボイラーを焚き、一時は200名を超える従業員を擁しました。

朝鮮や大連の支店へは、祖父は自家用飛行機で行き来しました。フィリピンへも行ったそうですが、ダバオの日本人農園はマニラ麻も生産していますから、そこと何らかのつながりがあったのかもしれません。

この頃が、戦前の最盛期でした。『細雪』に住吉川の氾濫が描かれた昭和13年の水害では、松原帆布は天上川から押し寄せる土砂に埋もれたそうです。

敗戦と廃業

祖父は典型的な起業家だったのでしょう。順風満帆でしたが、戦争が行く手を阻みます。まず、繊維が配給で入手困難になります。松原帆布は昭和14年には国策で日出紡織の管理下に入ることを命じられ、人の下に立つのを嫌った祖父は売却、最終的には大和紡績株式会社に統合されます。片腕として信頼していた人物が日出紡織では社長に就いたとのことで、裏での暗躍があったのかもしれません。防水シートで儲けたのも戦争がきっかけなら、会社を売却する理由も戦争だったのです。

そこで写真にあったような機帆船による運輸に商売替えをすることになりました。一隻を購入、四隻を四国で注文建造。みずからの造船は昭和14～15年に揖保郡の御津町で行ったと記録されています。同じ揖保郡の祖母の実家からはあまり離れていない場所です。私は浜が写っている二枚の写真を手がかりに、御津町の海岸線を自動車でたどってみました。背景となる山の形が似ている地域、湾や倉庫の形が似ている漁港に出会いましたが、現在のどこなのか正確には分りません。祖父は広大な土地を浜に所有していましたが、敗戦が濃厚になったころには木材が入手できなくなり、造船業もストップします。そして船は次々に徴用され、終戦。祖父によれば、「造船所の土地もどさくさで名義を勝手に変えられた」とのことで、こうして生み出した財産の大半を奪われ、「他人は信用できん」が祖父の口癖となりました。合資会社は大正末の一年のみで清算され、以降は登記を行っていません。そうした脇の甘さが失敗の原因だったのかもしれません。

祖父の人生について私はこれまで具体的なイメージを持ってこなかったのですが、年齢を計算してみて、おおよその様子が分かりました。祖父は中学を中退、フィリピン経由で神戸にたどりつき、29歳で結婚。30歳頃に成功して王子に邸宅を構え、さらに30代半ばで防水シートで成功、魚崎の大邸宅に引っ越します。しかし42歳で裏切られるようにして松原帆布を売却、造船と貿易に転じますが、造るはじから船は徴用され、48歳で敗戦を迎え、造船所の広大な土地もいつのまにか人手に渡ってしまいます。息子である孜（父）は18歳になっていましたが徴兵されずにすみ、小さな喜福丸とともに残りました。祖父は戦後には親族以外を信頼せず、会社を祖父自身が必ずしも適任とは思わない父に継がせますが、その伏線は、二度裏切られ、財産を奪われたことにあったのでしょう。

松原隆一郎

家の来歴　戦後

二度目の起業

それでも祖父は不屈の闘志の持ち主でした。長くつきあった社員の方は、「社長は『不可能を可能にせえ』といつも仰っていた」と言います。一つのことをやったら成功するまでやり、しかし機を見るに敏であったのです。なるほど祖父は終戦直後には身体を悪くしたこともあり隠居状態だったのですが、癒えると阪神電車で魚崎の東隣にあたる青木の浜に目をつけ、高圧の電気で醬油や塩を作り始めます。どうやったものか、瓦も作ったといいます。それらを一隻だけ残った船で九州から北海道まで運んでは売りさばき、帰りに石炭を買い集めて戻ったのです。見栄っ張りの父は終戦直後に仕事の手伝いを命じられ、「友達の家の屋根に登って瓦を葺いた。大変な屈辱だった。ワシは苦労をした」と言っていましたが、飛ぶ鳥落とす勢いの企業主から屋根葺きに転じた祖父の方が、余程屈辱にまみれたはずです。しかし瓦の商売は当たりました。復興の建設ブームに乗ったのです。

祖父は1948年に住まいも青木の浜に移しましたが、良いことは続きませんでした。翌年には喜福丸が大阪湾で沈没したのです。祖父は船からエンジンだけを引き上げ、これを解体。売却した資金を元手として、住居の敷地内に1951年、「大和伸鉄」を創業します（当初は「太陽製鉄」を名のったという説もあり）。製鉄への進出は戦中からの碁友達であった川崎製鉄のカリスマ社長・西山弥太郎の勧めによるものでした。

祖父は55歳になっていました。この年齢に気づいて、驚きました。55歳といえば、現在の私と変わりません。祖父はこの年齢からもう一度、大きな仕事をするのです。

当初、川鉄からは鋼板を切った「耳」（鉄屑）をもらい受け、慣れない業界で苦労したようですが、折から勃発した朝鮮戦争で鉄鋼業は特需の波に乗ります。1952年に会社は「大和伸鉄株式会社」で登記、1956年に私が生まれて、両親と事務所の二階で暮らします（3歳になる1959年まで）。業績は日本経済の高度成長とともに右肩上がりに伸び、60年に「大和電機製鋼株式会社」と改称、翌年尼崎に移転します。

私の記憶が始まるのは、この頃からです。祖父の青木の家を離れ、両親とともに魚崎に引っ越した1959年頃、現在は阪神高速3号神戸線が高架されている国道2号が、急ピッチでコンクリート舗装されていました。その道には多くの人夫が集められ、魚崎に移ったばかりの私は家の周辺でよく角を取り違え、道に迷って、道路敷設作業からの帰途につくおばさんたちについて行き、気づいたおばさんが交番に届けてくれたりしました。

魚崎に引っ越しても、私は隣町の青木には毎週末に泊まりに行きました。祖父母の青木の家は工場の南にあり、海に面していて、「て」の字型の堤防の上にありました。潮が満ちると祖父の部屋の下まで波が打ち寄せ、引くと突堤が顔を見せます。私は餌を買い、多くの釣り人に混じってそこで釣りをしました。棘に毒のある魚を釣って針を外そうとし、見かねた大人に手をひっぱたかれた記憶があります。

幸せな日々でした。居間で祖母と枕を並べ、漫画雑誌『少年』を繰り返し読んではまどろみました。朝はまだ暗いうちに、枕元の壁の向こうから、歌うような、数えるようなダミ声が聞こえてきます。突堤が小さな湾をなし、そこに舫われた船で獲ってきた魚介をさばくため、毎朝、魚市場が立っていたのです。大和伸鉄創業の頃まで、周囲は漁村でした。しかし向かいにも化学工場ができ、漁民たちは次第に工員へと職を変えつつありました。

私は祖父の部屋から日の出を眺めるのが好きでした。視界が届く限り「一」の字のように海面が水平線を形づくり、ぼんやりと明かりが射すと太陽が頭をもたげます。新年ともなると、祖父の部屋は襖が外され、二〇畳ほどの大広間となって、会社の幹部20名ほどが集まりました。大人たちは新年の挨拶をすますと「コ」の字に座り、祖父が年頭の辞を述べます。脚のあるお膳に漆の椀が並べられ、鯛の焼き物やはまぐりの吸い物をいただきます。酌と返杯で酒が進むと、工場の主任が手拍子で黒田節を踊ったりしました。松原商会の頃から続いた習慣だったのでしょう。

その頃の祖父の碁仲間に、灘校の梶和三郎校長がいます。祖父の口癖は「隆一郎はわしのご自慢じゃ」で、梶校長にも私がまだ幼稚園児の頃から「灘中に入れるから」と宣言していました。梶校長は苦笑しておられましたが、祖父は真剣でした。灘に入れば必然的に東大に進学します。東大で冶金を学べ、将来は会社を継がせると祖父は口癖のように言っていました。

そして実際、三ヶ月に一度は私を尼崎の会社【左頁】へ連れて行くのです。魚崎から尼崎となると父を毎日迎えに来る外車で行っても一時間はかかり、車に弱い私がやっとのことでたどり着くと、祖父は従業員をずらりと並べてその列の前を私や父とともに歩きます。さらに私にヘルメットをかぶらせて、工場内部を一周します。赤々と火を噴く電気炉からドロドロに溶けた鉄が飛沫を上げながら溢れ出て、レールの枠を走りながら次第に鉄筋の形になっていきます。工場建物にはその上をまたぐ橋や階段があり、小柄な祖父が真っ赤な鉄筋の上をひょいひょいと駆けるように渡っていくと、灼熱と轟音の中で気づいた工員さんたちが仰ぎ見つつ「社長！」と脱帽して挨拶します。

子ども心にも、そのように工員さんたちに敬愛される祖父は、頼もしく映りました。しかしいつか自分もこうして巡回するのかと思うと、運命に縛られているような気もしました。私は、学校で「将来何になるのか」と聞かれて、「野球選手」とか「博士」とかいう通常の答えができず、口ごもるしかない、不自然な子どもでもあったのです。

祖父が戦後に興した「大和電機製鋼株式会社」尼崎工場。幼少の松原が祖父に度々連れてこられた場所。上は正面入り口。1965（昭和40）年頃。下は工場の1号機電気炉。1963（昭和38）年頃。

オイルショックによる自主経営断念

会社はどんどん成長し、従業員も216名を数えるほどになりました。戦前の松原帆布と同じか、しのぐほどの規模です。そして1972年に兵庫区和田山通に再移転、祖父は青木の家と大和伸鉄の跡地を更地にし、再び一〇〇〇坪の日本家屋を建てました。ここには15メートルほどの大きな池があり、石畳に野鳥が飛来し、季節ごとに植木屋が庭木の手入れをして、自動車で門から玄関まで入るような家でした（現在の青木二丁目六の南半分）。この頃が、「イエ」としての松原家の絶頂期でした。

73年に祖父は会長となり父が社長となりますが、父は祖父の指示で動いていました。川崎製鉄から購入した一万一〇〇〇坪の壮大な兵庫工場は、地面から製造に失敗した半製品が大量に出るなど整地にも費用がかさみます。鉄の工場ということで公害問題に目を光らせる市民もおり、電気炉と圧延工場を新規に配備したものの、なかなか全力稼働できませんでした。

そして私が製鉄会社を継ぐべく工学部の冶金科を志望して東京大学に入学した翌年の76年、オイルショック後の長引く不況から大和電機製鋼の債務超過は限界まで膨らみ、祖父は自主独立経営を断念して、川鉄に経営支援を要請します。祖父は79歳になっていました。青木の邸宅も明け渡し、父は会社に残してもらえたものの、代わりの社長を川鉄から迎えることとなりました。私がいまなお胸の疼きを覚える松原家の「斜陽」は、この青木の邸宅を祖父が手放した件に集約されます。物的存在として愛着ある「家屋」を手放すことに、私は耐え難い痛みを感じました。

祖父の遺したもの

祖父は会社を手放したのち、魚崎の私の家から少し行った所（川井公園南）に移ります。そして1988年に90歳で亡くなります。その間、私が帰省して顔を見に行くたびに「二回大きな事業をやって、儂の人生は面白かったのう」と言っていました。しかし私はというと自分の目の前の用事にかかり切りで、どう面白かったのか詳細を尋ねることもしませんでした。父は、戦前については成功の話しかしません。祖父は東出で、身ひとつからどう財を成したのか。松原帆布を売却して、いかに造船に転じたのか。聞いておけばよかった。魚崎の実家を購入する資金は、そうした苦闘が生んだのです。男子一生の不覚とは、まさにこのことです。本当に申し訳ない。しかし祖父はというとそんなことを聞いてもらいたい風もなく、いつもただ一言付け加えました。「仏壇は、隆ちゃんまででええから守っといてくれるか」と。住吉川上流に位置する住吉霊園の墓と仏壇は82年に祖母が亡くなった際に購入しており、私にそのお守りをして欲しいというのです。

大和電機製鋼はのちにダイワスチール株式会社となり、2012年4月からはJFE条鋼へ統合されました。私の前途にのしかかるかに思えた家業の会社は、いまの私には何のかかわりもありません。私以降の「松原家」には、縁のない組織となったのです。こうして起業家としての松原頼介の「夢の痕跡」は、物言わぬ仏壇と墓だけとなったのでした。

松原隆一郎

家を継ぐ

「イエ」のその後

祖父は満州事変や朝鮮戦争をきっかけに大成功したものの、信頼しうる人とともに会社を維持することは不得意だったようです。戦後に創設した製鉄会社も最終的には自主経営できなくなり、経営を川鉄に委ねることとなりました。私は神戸に戻って家業を継ぐという、祖父から望まれた路線からは解放されることとなったのです。

私は東大で二年生になっていましたが、進学先は確定していませんでした。そこで冶金科を含む金属工学科に進学することは急遽取りやめ、改めて勉学に打ち込むようになりました。そして都市工学科に入学・卒業、経済学部の大学院に進学して博士課程を単位取得退学、28歳で東大教養学部に職を得て現在に至ります。それは松原のイエの没落であるとともに、私が解放される過程でもありました。私には、長男でありながら実家に戻る必然性が突然になくなってしまったのです。また東大勤めということは転勤がないということでもあり、定年までの住まいが東京周辺に決まりました。しかしそのせいで、実家をどうするかが問題として浮上することとなりました。

以下は私個人の例ではあります。しかし家業を継ぐとか実家近くに職を得たり、そこからの転勤を免れたりする方が昨今では稀でしょうから、現代日本において実家をどうするかは多くの家庭で悩みの種になっているはずです。それにともない、仏壇が宙に浮いてしまうことも、珍しくはありません。

独居老人の孤独死が増えているといわれますが、それは結婚しない男女が増えていることだけを指しません。親の代と子の代で別居が進むと、連れ合いを亡くした親の一方を子が引き取らなければ、必然的に独居状態になります。さらに独居老人が亡くなると、子どもたちのうち誰が仏壇を引き取るかが問題になるのです。

私の父とイエ

祖父が亡くなり、「松原」の仏壇や墓、そして遺産は一人っ子である父が継ぐことになりました。しかし父は、継いだ遺産は独占したものの、「イエ」にまつわるそれ以外の責任は一切負おうとしませんでした。私は祖父の若き日の足跡を追ってみて、父は祖父が苦労して成り上がった時代を知らされなかったか、もしくは知る気がなかったと考えるようになりました。自分で起業したり仕事を生み出したことがなかったからかもしれません。それゆえ法事を行わないのみならず、カネを生み出すまでの祖父の苦労を私たち兄妹に伝えようとしませんでした。

私が成人するまでに松原家でゼロからカネを生み出したのは、実質的には会社を創出した祖父だけでした。祖父は、中学中退なのにどうして可能だったのかは分かりませんが、帆布のコーティングと鉄筋の鋳造という技術分野で特許に相当するアイデアを案出し、財をなしました。私の生家は父が祖父から貰ったものです。

今にして思えば、祖父は私には会社を継がせると言いながら、父についてほとんど期待するような発言をしませんでした。父は些細なことが気になる質で、たとえば祖父から叱られると会社を飛び出し、一週間は戻りませんでした。年に一、二度はそうしたことがあり、祖父には諦めがあったのでしょう。

父は祖父の財産を独占しようと、親族とはいちいちトラブルを起こしました。祖父が実家である山口の親戚に財産を分けるからとそちらとは絶縁、自分の母親（私の祖母）の実家とも行き来がなく、妻（私の母）の実家とは訴訟を争ったことすらあって、私たち兄妹（私と二人の妹）には、成人するまで親戚とのつきあいがほとんどありませんでした。ひとことで言えば、親戚も含む他人への度外れた猜疑心。しかしそれも今考えると、父にすればトラウマとなった「財産を奪われること」への恐怖心のゆえであったのかもしれません。

私に対しても命令を聞かないと仕送りを切るというのが口癖で、私は大学院に進学した時点で仕送りを断りました。さらに祖父が亡くなり、私が結婚しようとすると、「どうせダメになるに決まっている」といった難癖をつけ反対するので、本格的に絶縁することとなりました。私の結婚式には、父母も妹たちも来ていません。

それで私は、1990年代の前半、実家には帰っていません。実家とは、私が3歳の時、父に祖父が買い与えた、魚崎中町の一五〇坪ほどの旧家のことです。小津安二郎の映画にでも登場しそうな、縁側や洋風の応接間が郷愁誘う造りの「昭和の家」です。私が18歳まで過ごしたその家が、私にとっての生家でした【左頁】。

阪神・淡路大震災による生家の全壊と再建

1995年1月17日、実家を阪神・淡路大震災が襲いました。周囲の家々とともに、その生家は全壊しました。両親と上の妹は無事でしたが、祖父の晩年の家に住んでいた下の妹は亭主と子供二人を残して亡くなってしまいました。母方の親戚から知らされた私は二日後に自転車を担いで駆けつけ、七年ぶりに両親と再会しました。下の妹が結婚したころまでは私もつきあいがありましたが、子どもがいたことはその時初めて

上／松原隆一郎と母・照子。生家の木塀の玄関前で。
1959（昭和34）年頃、神戸市魚崎中町。
下／上の妹・弘子と魚崎の家の居間にて、1963（昭和38）年頃。

知りました。

父母は、義弟が仕事場近くに求めた泉佐野の借家に身を寄せることとなりました。しかしふた月ほどして母は不幸な亡くなり方をし、上の妹は名古屋に嫁ぎました。そして父が全壊した神戸の実家を再建すると言いだします。父は68歳。祖父と母亡きあと、父を止める者は誰もいなくなっていました。父は松原家が戦前からの繁栄を続けているという虚構を組み立て、現実にもその嘘に則した生活を送ります。

しかしこれは私にとっては聞き捨てならない問題でした。私はすでに20年は東京住まいであったため、生家や近所の風景には抜き差しならない郷愁を感じていました。この家は、青木から引っ越してきた1950年代末からしばらくは板塀で、私はそちらが好きでしたが、父は泥棒が入ったらと心配して、石組みの重苦しい塀に改築していました。子供の一人一人に部屋を与えようと木造の母屋に二階を載せたり、吹き抜けの天窓を付けたりも繰り返していました。それゆえ震災前でも、すでに私の生家は取得時の原形から離れてはいました。しかしそれでも洋室の応接間や長い板張りの廊下や庭は面影を留めており、私の古い記憶の受け皿となっていました。そうした家屋が全壊したのです。

一人で住むとはいえ家を再建するなら、残った家族、すなわち私や上の妹の意見は入れてもよいはずです。父は上の妹を嫁がせずに同居させようと思ったのか、その部屋を勝手に一室造っていました。私にとっては、どう住むかはあまり重要ではありませんでした。それよりも大きな問題は、仏壇を将来どうするかでした。1997年に購入した狭い東京の拙宅には、とても入るスペースはありません。

私はできることなら、いくらかでも以前の家の名残のある家を再建し、そこに仏壇を置いて、将来は私が継承することを望みました。その家が、私の代では別荘のような使い方になったとしてもです。けれどもそれには越えなければならないハードルがありました。私は三人兄妹ですので、父が亡くなれば妹と義弟が上地家屋を売りたいと言い出す可能性があります。それでもなお、家と仏壇を残すにはどうすればよいのか。

いろいろと策を案じた結果、私は父に「いずれ相続の折に兄妹、下の妹の子どもたちの三者で分けなければならなくなるから、三等分した土地に収まるように上物を建てて欲しい」と言ってみました。それならば他の二者が土地を売っても、私は家付きで三分の一の土地を相続できるからです。

しかし反応は案の定でした。自分の死後に家屋や仏壇がどうなるか（というか、そもそも明日に何が起きるのかにも）まったく関心のない父は、「不愉快なことを言うな！」と激怒、机を叩いて奥に引っ込んでしまいました。こうして震災後、一年もせずに、再び親子の関係は絶えることとなりました。

そして97年、父は大手ハウスメーカーに依頼して、一五〇坪の土地の半分近くに8DK二階建ての広い家を建て、義弟宅から舞い戻って、気ままな一人住まいを始めます。電気代だけで月四・五万円もかけるなど維持費を気にすることもなく、自分が動けなくなる未来を想像もせず、それはそれで幸せに暮らしたのだと思います。「大きな家を建てること」は、父を大いに満足させました。財産を失ったという事件そのものが「ないこと」になったのです。

最近では、実家を処分する人から依頼を受け、解体される前に思い出の深い柱の木等を切り出して、彫刻で椀や小物入れを作ったりする作家がいるといいます。家というモノには、それほどに格別な思いが付着しているからです。私ならば、震災で崩壊した家の瓦礫を一部でも使ったでしょうが、震災後、父は元の家の資材はすべて廃棄して、大きな映写機とスクリーン、オーディオ作り付けの家を建てました。もっとも倒壊家屋の解体撤去は半年以内を条件に公費で行われたので、廃棄は父の意向とは言えませんが。

父にしてみれば、回帰する場所があるとしたならそれは住吉川沿いの戦前の家であり、大和電機製鋼であって、それがプライドの核をなしていました。そのことは、同じく19歳で親が会社を失った私にも分かります。しかし理解できないのは、祖父からつながる人間関係や慣習を共有したり伝えようとしなかったことです。父にとって祖父から譲り受けたものは、物理的な家屋にせよ人と人のつながりとしてのイエにせよ、次世代に引き渡すようなものではありませんでした。

晩年に祖父が住んでいた魚崎北町の家も相続していたはずですし、絵画や退職金も持っていたはずですが、父は証券会社の口車に乗りそれもすべて失いました。そして私は、父が借金を重ね、家屋だけは売らずにいるものの、カネがなくなったと気づいた時から自分で身の回りのことができなくなっているとの連絡を、旧知の町内会長さんから受けました。カネは湧いて出てくるという虚構が立ち行かなくなり現実を直視しなければならなくなったので、自らを壊してしまったのでしょう。それで私は父を甲南山手の介護施設に入れ、毎週のように見舞うようになりました。父は祖母が「肩に乗っている」などと呟いていました。そうした折りには見慣れない「実家」に泊まったのですが、玄関の松の木や梅、南天やアオキなど庭の植木には私の育った家の面影が感じられたものの、母屋の「ヘーベルハウス」には記憶の手がかりはありませんでした。そして父は、2008年9月に亡くなりました。

生家と街並みの記憶

私は、モノとしての実家の建物や近所の景観に人並み以上の執着を持っています。その理由は、こうです。過去について喋るとき、それを事実として承認してくれる他人がいて、私の記憶は妄想ではないことになります。そしてイエは、最低限の事実を事実として認定してくれる人の集まりです。しかし大金持ちであった時分と同じ生活を続けようとすることを批判する私のような人間を父が力ずくで排除しようとしたせいで、父の代の松原家には嘘が飛び交い、私にとっての事実を事実と証言する人がいませんでした。たとえば私は、自分勝手に家を出て上京したと言うのです。祖父や両親の希望に従っただけなのに。母が亡くなり遺産相続した時も、私を「泥棒」と罵りました。

人は売り言葉に買い言葉でつまらない諍いを起こすものですが、法事や墓参り、結婚式といった「イエ」にかかわる行事があれば、顔を見せたり挨拶をしたりして、ゆるやかにでも関係を続け、いずれは和解もするでしょう。寅さんだって、そうしていました。ところが父は、法事だけは行わないと先祖に申し訳ないとか、さすがに息子の結婚式には出ないとまずいとかいう感覚の持ち主ではありませんでした。

こんな風だったので、私は次第に家族の証言には期待しなくなり、生家の記憶や街並みといった「モノ」に執着するようになりました。それらだけが自分の記憶を支えるかに思えたからです。

私が喪ったものが、生家以外にもあります。青木や魚崎の浜の風景です。神戸市は戦後、山を崩しその土砂で海を埋め立てました。それにより、青木の家の「て」の字型の防波堤も埋め立てられフェリーボートの発着所となり、私たちガキどもが「テンコチ」を釣った魚崎の浜は、コンクリートの塀のみを路上に残す港湾地帯となりました。そのうえ酒蔵の黒塀も、多くが震災でなくなってしまいました。

街並みや景観に対するこうした私の執着は、「ノスタルジー」と一蹴されるかもしれません。しかしそれを嗤う人は、ナチスの空襲で灰燼に帰した「ワルシャワ歴史地区」の住民（ポーランド人）が、空襲前の家や街並みの全体を写真や都市風景画を頼りに正確に復元しようと執念を燃やしたことや、福島県では高齢者が放射能濃度が高くとも故郷に帰りたいと願うことを、同様に嗤えるのでしょうか。かけがえのない記憶というものがあるのです。

私は戦後日本が経済を優先したため景観が悲惨なまでに劣化したことを告発する本（『失われた景観』PHP新書　2002年）を書きましたが、その際念頭にあったのは、山を削って海を埋める、震災があれば巨大ビル群を林立させて「復興した」と宣言する神戸の都市経営であり、急激に変貌していった魚崎の町でした。

ともあれ父が死んだ後、妙に大きな家屋と「墓と仏壇は守ってくれや」という祖父の声が私には残りました。それ以外には祖父の代からのと母方の写真が段ボールに二箱、そして仏壇。それらがどんな歓喜と屈辱を物語っているのか、私は十分には理解していません。虚構を解体し、写真から声にならない声を聞き取ることが松原家の死者たちの魂を鎮める弔いとなるのではないか。この課題もまた、私が継ぐべき「イエ」の一部となったのです。

松原隆一郎

実家を売却する

空き家となった実家

2008年に父が亡くなり、残された家と土地を私と上の妹、義弟（正確にはその二人の子ども）が相続しました。敷地は一五〇坪あったのですが、父は知人に借金していたので、土地の一角をどなたかに買っていただき、弁済しなければなりません。借金付きの相続です。

相続に借金が含まれるのは、別段珍しいことではないでしょう。とはいえ借金の返済は出来る限り早く済ませなければならず、そのために土地の一部を急いで売るとなると、なかなか面倒ではあります。阪神・淡路大震災後に父が、土地の中央部に家屋を新築していたこともあります。

こうした時には不動産屋の友人がいると便利です。小学校の同級生のM君は魚崎駅前で不動産屋を営んでいるのですが、彼には不思議な才があります。駅前を顧客や知り合いが通りかかると、人なつこい関西弁で世間話をし、そこから家庭の細々した情報を引き出して、溜め込んでいるのです。彼に精密に記憶された情報群は、町内の誰が親族といかなる状態にあり、どこで働き、どのような資産状況にあるかにまで及びます。そしてM君は私に、「裏のお宅は家業がうまくいってるから、買ってくれるんとちゃう？　隣の土地を他人に買われるんやったら、自分とこにしたいやろうから」と耳打ちしてくれました。

半信半疑で裏のお宅に話をもちかけると、M君の情勢判断は適確で、土地を買い上げていただくことになり、それによって借金問題は解決する運びとなりました。その裏のお宅には父が生前週に一、二度はふらり

阪神・淡路大震災で倒壊したため、1997年に
建替えられた魚崎の松原の実家。松の樹が生家
の面影を残す。売却直前の2010年8月に撮影。

と現れ、茶の間の中心にどっかと座り込んで茶飲み話をしていったといいます。
そして残されたのが、家付きの土地でした【右頁】。この家は、角を切り取られた土地の真ん中に建っていました。それゆえ土地を三分割してその一つに家を収めることは、どうやっても不可能でした。

家制度と遺産相続

ところで「長男が実家を継ぐ」という観念は、明治31年に制定された民法において公式のものとされていた家制度に由来しています。戦前には、家制度によって戸主、通常は長男が、遺産の大半を家督として承継しました。戸主は同時に仏壇や墓の管理も継承し、法事を行う義務を負いました（祭祀承継）。モノとしての財産と人の縁としての「イエ」の、双方を相続したのです。それだけ戸主の権限が強かったということではありますが、仏壇や墓を継ぐのにも維持費がかかるのですから、財産を合わせて承継することは、それはそれで合理的な方法ではありました。

ところが、昭和22年の民法改正で家制度が廃止されます。それで現民法では祭祀承継と相続財産を切り離し、祭祀承継は先代の遺言によって指名を受けた者が行うことになりました。つまり、長男が指名されて墓や仏壇を継いだとしても、財産は兄妹で均等に分配されることになったのです。これは、逆に不平等ともいえます。祭祀財産としての墓や仏壇には維持費がかかる（松原家の墓地の場合、毎年一・五万円）のですから、その負担も平等でなければ筋が通りません。遺産の分配は現民法にもとづき平等だが、墓や仏壇の維持は慣行にもとづいて長男だけが強いられるというのは、矛盾です。

家制度の廃止自体は、時代の趨勢ではあったと思います。「長男が実家を継ぐ」というのは、実家の家業が安定していることを前提としています。農耕経済の庄屋であれば、田畑や土地が財産として代々引き継がれていきます。しかし祖父の会社のように家業が立ち行かなくなることが珍しくなくなり、長男といっても親とは別の職に就くことも多くなると、地元で就職しても転勤がありますから、実家を譲り受けてもそこに住めるとは限りません。だからこそ長子相続は廃止されたのでしょう。しかし祭祀については、先祖の思いを考えれば、実家でやりたいものです。その気持ちは、時代を越えて変わりません。承継した祭祀は実家でやりたいが、実家は何分割かされるかもしれない。祭祀承継者がまじめであればあるほど、矛盾に悩むことになります。

実家を残す方法

私自身は仏壇とともに実家を残したかったので、当初はいろいろと模索しました。親族関係が崩壊しているのですから、家屋だけでも残したかったのです。とはいえ賃貸に出せば家は残りますが、仏壇を置いたり泊まりたいとなると、一室だけは自分たちのものとしながら他の部屋だけ貸すという半端な希望になります。そして「仏壇のお守りをする」ような家の借り方をしてくれる人は、妹たち親族も含めていませんでした。

そこで私は、とりあえずは三ヶ月に一度ほど東京から都合をつけて行くことにして、実家を放置しておけばどうかと考えました。妹は火事や泥棒があったらどうする、近所に迷惑だと心配します。しかし最近では、実家が空き家になるケースが増えたため、管理会社なるものがあります。無人の実家を月に一度訪れ、郵便受けをチェックし窓やドアの戸締まりを確認、庭掃除もしてくれ、外回りだけだと三〇〇〇〜五〇〇〇円、室内までだと五〇〇〇〜一万円が相場であるそうです。

けれどもそうした引き延ばしも、長続きしませんでした。父が亡くなってしばらくすると、妹たちはいよいよ実家をきれいさっぱり売却したいと言い出しました。代金は平等に分配し、墓と仏壇は私に承継させようという虫の良い要望です。慣行にしたがって長男が祭祀承継し、しかし財産は憲法に準じて平等に分けよということで、これは前述のように不合理な話です。私は、遺産の相続はそれを生み出した先祖の苦労をありのままに記憶し敬意を払うことと表裏一体であるべきだと考えます。墓や仏壇を継承せずカネだけを引き継ぐという選択はありえません。そのような選択をする人については、相続税を増税すべきだとすら思います。

とはいえ父の生前、我が親族は法も道理もないかのごとく諍いに明け暮れるばかりでしたから、私はこれ以上、無駄なもめ事にはかかわりたくありませんでした。祭祀に無関心だった父は、遺言では祭祀承継者を指定しませんでしたから、私が押しつけられる謂れはありません。それでも私が祭祀を承継するのなら、やり方は私の独断に委ねられるべきでしょう。それで仏壇や墓を今後どうするかは、私の一存で決めることにしました。渋々ではありますが、妹が見つけてきた新築分譲も扱う名古屋の建設会社へ実家を売却することにも合意しました。

仏壇と思い出のモノを残す方法

実家を解体し産廃として廃棄するとなると、思い出はすべてなくなってしまいます。葬式が終わり死者が焼かれて灰になるとしても、その過程で真っ当な弔い方をすれば、遺族は近親者の死を乗り越えることができます。私は父の死については何も納得いかないものがありませんでしたが、実家の家屋と庭を弔うにはどうすればよいのか、夢の中でも考えるほど悩みました。

その結果私は、実家の売却が完了してしまうまでの期間に庭の木々や大きな石をできる限り運び出したいと思うようになりました。子どもの頃に登って塀を越え、お巡りさんに叱られたりした「松原」の「松」の樹は4メートルはありますので、東京の家に持ち込むことは無理です。それでも伐採されるくらいなら、いっそ夜中にこっそりと住吉川べりに穴を掘り、移植できはしまいか。住吉川上流の白鶴美術館よりもさらに上流の川岸ならば、松の一本くらい植えても誰も気づかないんじゃないか。そう妄想するほど、庭の一部だけでも残したいという思いが募りました。

それで、別荘を魚崎に買うことを検討してみました。中古マンションを購入し、仏壇を置こうという案です。何軒か見て回りましたがその中には、祖父が昭和7～8年頃から住んだ一〇〇〇坪の家の隣のマンションの一室も含まれていました。窓からは川が一望でき、吹き抜ける風も爽快です。そこで気づいたのですが、私が定年を迎えれば大学の研究室に置いてある本がごっそりと戻ってきます。もし関西に次の職が見つかることでもあれば、そこに本を置いて暮らすのも悪くない――こうして、書庫と別宅を兼ねるという案が、漠然とではありますが浮かんできました。

ところがこの住吉川の物件の場合、看過しがたい問題がありました。価格こそ一〇〇〇万円ほどと手頃なのですが、1970年代の物件であるため老朽化しており、修繕の積立費が月々に三・七万円もかかるというのです。この辺りの物件は、多くが似た条件だといいます。私はすでに東京の自宅近くに書庫を四・五万円で借りており、一〇〇〇万は相続財産で賄うとしても、それ以外には月々の出費はできません。他のマンションも探してみましたが、わざわざ別荘として取得するほどの魅力がある部屋はみつかりませんでした。

庭の木と石を残す方法

こうして私は魚崎に別宅を持つという案も、断腸の思いで放棄することとなりました。それならば、せめて梅の木だけでも根こそぎにして運び、東京の自宅に植えてやりたい。しかしこの希望は、家内には拒否されました。息子が小さかった頃に植えたカリンが大きくなっており、庭は自分が管理しているので余計なものは植えたくないというのです。仏壇にしても、高さ170センチメートルと大きすぎるから小さいものに買い換えろと言います。これには、カッとなりました。仏壇は、私が守るのが祖父との約束です。それを受け入れないなら相続をする資格はない。ここまで書いたような親族や生家に対する私の気持ちを家内は理解できていないのかと、話を続ける気も失せました。こうして我が自宅に実家の思い出を移すことはできなくなりました。

売却まで私は、毎週のように新幹線で東京と実家を行き来していました。片付けのためです。そして梅の枝や万年青《おもと》は鉢植えにして、サルスベリは生木でなく切り倒して「ウロ」の部分を新幹線に持ち込み、東京に運びました。

大きな庭石が何個もあったので、これもなんとか運びたい。そこで造園業を営む友人のH君に相談してみました。しかし相当に困難だということが分かりました。庭石は嵩の割に重みがあり、350キログラム積載の軽トラックではまず運べません。小さくとも2トンのトラックが必要になるのですが、それに何百キログラムかの石を積み込むにはレッカーを使うしかありません。しかしレッカーや2トン車は庭には入れないので、近所に停めるとして、そこまで丸太を絨毯のように敷き詰め、庭石を滑らせて運ばねばなりません。そうしたことは専門知識が必要なので、2トン車で東京まで運ぶ人件費や車両費も含め、何十万円かはかかるというのです。結局はこれも断念せざるをえませんでした。

仏壇と木を東京へ

こうして実家は2010年8月末に売却の運びとなり、更地にされてしまいました。私の人生にかんする記憶を支えるモノとしての家屋や庭が、完全にこの世から失われてしまったのです。私はその11月、魚崎に宿をとり、小学校の同窓生たちと酒を飲み、深夜に生家の跡地を見に行きました。酔っていないと、とても正視できなかったのです。一つ手前の角を過ぎたあたりから、胸が痛み始めました。それでも歩みを止めないでいると、ガランと何もなくなった土地が目に飛び込んできました。そこには建て売りを告知する看板だけが立ち、私は呆然と立ちすくんでしまいました。

そうこうして跡地には五軒の建て売り住宅が並ぶこととなり、私の手元には売却代金の三分の一が残りました。M君によれば、この売却総額は神戸の業者が出せる上限よりも二〇〇〇万円も高いそうです。名古屋に土地バブルでも生じているのか、この業者によほどのノウハウがあるせいかは分かりませんでしたが、この業者を見つけてきたことにかんしては妹に感謝しています。

こうしたやりとりから、私の脳裏には、ある考えが温泉の熱湯のようにふつふつと湧き出てくるようになりました。「神戸で買おうと思った仏壇と本のための別宅を、阿佐ヶ谷で探そう」。母が亡くなった時に得た遺産は、すでに家内がかねて熱望していたカフェを開業する足しとして使っていました。父の遺産の方は仏壇を収納するために使いたい。そうでなければ何もかもむしり取られてしまった祖父が生きた証しは、仏壇と墓だけになってしまう。魚崎に拠点がなくなることには胸に穴が開くような疼痛を覚えますが、仏壇と万年青の鉢、サルスベリのウロを阿佐ヶ谷のどこかに収納したい。そこにこれまでの書庫の本と研究室の本を合体させよう。こう考えることで、私の故郷に対するこじれた思いは成仏するかに感じられてきました。

こうして私は、「松原のイエ」の鎮魂をも目的とする「書庫と仏壇の家」を阿佐ヶ谷で探し始めるのです。2010年の春先のことでした。

松原隆一郎

書庫と仏壇の家を探す

戸建てか賃貸か

老後に書庫を持つことは「男のロマン」だと、誰かが言っていました。けれども「阿佐ヶ谷で小さな庭のある書庫を持ち、梅の木を植え、万年青の鉢と仏壇も置きたい」となると、ロマンとばかりは言っていられません（残念ながら魚崎から運んだ梅の木は冬を越せず、枯れてしまいましたが）。当初、この考えの具体的なかたちは漠然としか浮かびませんでした。自宅のローンはあと少しで払い終えるところですが、これからは私たち夫婦の老後と息子の進学のために貯金しなければならない。ですから、まずもって無駄遣いではない方法を検討しなければなりません。

中古の一戸建てを買えば、どうでしょうか。そこで時間を見つけては不動産屋に寄ってみました。しかし予算を聞かれて一〇〇〇万円と答えてみると、「とんでもない」といった返事ばかり。「一五〇〇万円クラスの物件でも、動いてないですよ」というのです。けれどもネットで不動産の情報を見てみると、可能性が絶対にないというわけではなさそうでした。

南阿佐ヶ谷駅から徒歩一八分の松ノ木一丁目に、土地約40平方メートル、建物46・3平方メートルの二階建て一戸建てが一七五〇万円で出ていました。築後47年（1965年築）、建坪率50パーセント、容積率100パーセント。阿佐谷北の自宅からは自転車で一五分というところでしょうか。これが相場なのでしょう。

私が月額四・五万円で賃借してきた書庫も、それくらいの古さの物件です。こちらは一戸建て、六畳と三畳の平屋です。そこに学生時代から使ってきたスチールの本棚を一七架入れているのです。46・3平方メートルは一四坪、二八畳はあるので、その倍近く本棚が入ると期待できます。

では、月払いで賃借するのと一戸建ての購入とでは、どちらがベターでしょうか。私は月額で書庫の賃借に四・五万円、それと仏壇を預ける高井戸の「キュラーズ」という倉庫に一・二万円を払ってきました。この倉庫は綺麗だし、防犯も完璧です。しかしいつまでも仏壇をここに閉じ込めておくわけにはいかない。ちゃんと線香を上げてやりたい。

月額合計の五・七万円は年では六八・四万円。利子率は無視するとして、単純計算で25・6年借りれば一七五〇万円に達します。2010年で54歳の私が80歳まで生きるなら、一戸建てを一七五〇万で買えば損得はなくなります。仏壇と研究室の本も、かなり収納できそうです。こうして、同じ面積や条件で、一七五〇万円以下の中古物件ならば買う方が賃貸よりも有利、というのがひとまずの目安と考えました。

本の重みに耐えられるか

しかし老朽家屋には、震災が来ればともかく平時でも本の重みに耐えられるかという問題があります。借家ではすべての壁に本棚を置いたため、畳の中央部が少し浮いてきていました。部屋の四辺に沿って重力が高い密度でかかっているからでしょう。古い木造の床だと、耐えきれず中央部が持ち上がってしまう恐れがあります。

この件については、ノンフィクション・ライターの西牟田靖さんがネット（「マガジン航」）で「本で床は抜けるのか」という面白い連載をしています。私もインタビューを受けたのでこの話をしたところ、大工さんに真偽を尋ねてくれました（「続・本で床は抜けるのか」）。大工さんによれば、「（松原註・壁を支えるだけの）柱は下へ下へと沈む一方、（同・柱と柱の間にある）間柱はそのままだから、敷居も鴨居も『へ』の字になって、引き戸の開け閉めができなくなったりする」そうです。

　では、部屋の中央にも本棚を据えればどうでしょうか。私は以前、間借りしていた一戸建て住宅で、背中合わせに立てた本棚を部屋の中央にも平行に四列、並べてみたことがあります。収容冊数はかなりのものでした。柱や梁がしっかりしているなら、こうすれば中央で床が持ち上がることはない。しかしその家では本棚の合間を60センチメートルほどにしていたため身体を反転しづらくなり、しかも下の棚には天井の照明から光が届かず、本棚を眺めることは次第になくなってしまいました。このやり方では一メートルは間隔を取らないと使い勝手が悪いのです。しかしそうすれば収納冊数が減るし、そもそも老朽家屋で部屋の中央に本棚を配置するレイアウトでは床が抜け、二階は崩落してしまうかもしれない。要は周囲に置いても中央に据えても、老朽家屋では問題が残るのです。

　とすると、なんらかの修復をかけない限り中古住宅に本と仏壇を収納するのは危険です。しかし修復という大袈裟な話になると、費用がかさみます。

集密書庫を新築する

　庭に神戸から梅の木を移植するのを拒否された件や仏壇を小さくするしかないと言われたことから、私は家内には含むところがあり、こうした計画を一人で練っていました。しかし不動産屋をちょくちょく覗いていることを気づかれ、つい口を割ってしまいました。それに対する家内の反応は意外なものでした。「新築すればいいんじゃないの。集密書庫にして」。

　これは想定外でした。家内は梅の木の移植を拒否したのですから、老後の資金をまるごと使うような物件購入にさえ反対すると思っていたからです。しかし深く考えるより直観に頼る人ではありますから、拒絶したのも私が恨みを持つほどの思いがあったわけではなかったのでしょう。むしろ新築に興味が湧いた様子です。

ともあれ新築とは、考えもしませんでした。新築となると、どう計算しても相続した財産をすべてはき出し、その上に若干の費用を上乗せしなければなりません。けれども私には、そうした後ろ向きの思考よりも、「集密書庫」という言葉がずーんと響きました。図書館では空間の効率を上げるため、本棚をスライドさせて寄せ、間の空間をなくしています。そして本を探す段になると、必要な本のある棚と隣の本棚との間を電動力で一・五メートルほど開けるのです。これが集密書庫です。この仕様ならばかなりの冊数が収納でき、間も確保できるので、本棚の下段までしっかり使えます。けれどもそんな大袈裟な装置を民家で設置することは、いったい可能なのでしょうか。

「東京R不動産」という業者がいます。ワケアリの物件に思いがけない光を当て、リノベートして魅力を高めるということで人気があります。そのサイトで、学者のために一万冊以上の本を収納する書庫を作り出したリノベーションの例を紹介していました。本棚の合間にソファを組み込み、棚の高さは天井まであります。床の中央にも本棚が置かれ、それも平行に並べるだけでなく、様々な方向を向いていました。しかし集密書庫となれば、もっと効率が上がるでしょう。

家内はさらに言います。

「堀部さんに頼めばいいじゃない」

これも、胸に響きました。私たち夫婦は外注としては堀部さんにとっての最初の施主で自宅を設計してもらいましたが、その後増築もお願いし、さらに家内経営のカフェも設計してもらっていました。それらの三件はいずれもリノベーションかそれに類するものでしたが、その間に堀部さんは沢山の物件を手がけ、才能に磨きをかけておられました。住み心地には満足していましたので、堀部さんに新築をお願いすることは我々夫婦にとって見果てぬ夢ではありますす。一、二階を集密書庫にして三階を仕事場にすれば、快適に使えそうです。しかしそれは素人考えなので、「書庫と仏壇を入れる新築」を堀部さんに注文したらいったいどんなことになるのか。ワクワクする話ではありませんか。

私には父母に対し赦せないことが多々ありますが、彼らにしても財力を得たり失なったりといった運命の波瀾に人生を翻弄されただけなのかもしれない。私が家を新築するなら、その家は我が父母の鎮魂の役割も担ってくれるだろう。そう思えてくるようにもなりました。

耐震物件か

こうして2010年秋、本格的に土地探しを始めました。

それ以前にも阿佐ヶ谷の北側、駅の高架下を荻窪方面に七分ほど歩いた文化女子大附属杉並中高の裏あたり、天沼一丁目に物件が出ていました。コンクリの古い塀と玄関の間に半畳ほどの庭があり、ドアを開けるとすぐ階段になっていて、一階は四畳半と六畳、二階は八畳と三畳。二一・五畳で約一五〇〇万円でした。まずまず相場通りといえます。

ところがこの物件には難点がありました。「耐震構造」です。阿佐ヶ谷の駅周辺は老朽家屋の密集地帯で、大震災が来た際には火に包まれる可能性が都内でトップクラスに高い場所とされています。東京都都市整備局がネットで発表している「地域危険度マップ」【75頁上】をご覧下さい。

杉並区の詳細を見ると、阿佐谷北一丁目から六丁目までの全域と天沼一丁目が災害時活動の困難さゆえに建物倒壊危険度が3、火災危険度が4に指定されています。中古住宅だと本棚が倒れるでしょうから、まずは本と心中する覚悟をしなければならない。そのうえ火災にも襲われます。中央防災会議の検討によると、これから30年以内に首都圏でマグニチュード7クラスの震災が起きる可能性は70パーセントとされています。さすがに25年以内には、震災は首都圏を襲うのではないでしょうか……。

用途地域の条件

次に家内が同じ天沼一丁目で日大二高の南に物件を見つけてきました。南向きの一〇坪ほどの角地で、阿佐谷北三丁目の自宅から自転車なら五分もかからない好立地です。これは即日に他の方が契約してしまったので縁のない話になりましたが、残念に思い調べてみると、住まいとしては好物件でも、本と仏壇の家には不向きと判りました。

というのもその土地は、杉並区の都市計画では「第一種低層住居専用地域」に指定されていたのです。これは都市計画法上の用途地域の一つで、この区域はその中でももっとも厳しい規制がかけられています。容積率が100パーセント、建坪率が角地だと緩くても60パーセント。本が置ける面積の上限は容積率から一〇坪ということになります。これだと、六坪と四坪の二階建てしか建てようがありません。自宅からさほど遠くない地区は、ほぼ「第一種低層住居専用地域」となっています。とすれば、至近距離には新築できないことになります。

区役所の都市計画課が指定する用途地域の図【左頁下】を見ると、容積率200パーセントの「第一種中高層住居専用地域」は線路に沿った地区が主に指定されています。つまり新築の建物で本を多く置こうとして三階建てを望むとまずは線路近くを探すべきなのですが、そこは先述のように震災があれば火災が想定されます。三階建てにできそうな地区は、実は相当に限られているのです。書庫を建てようとするなら、その中

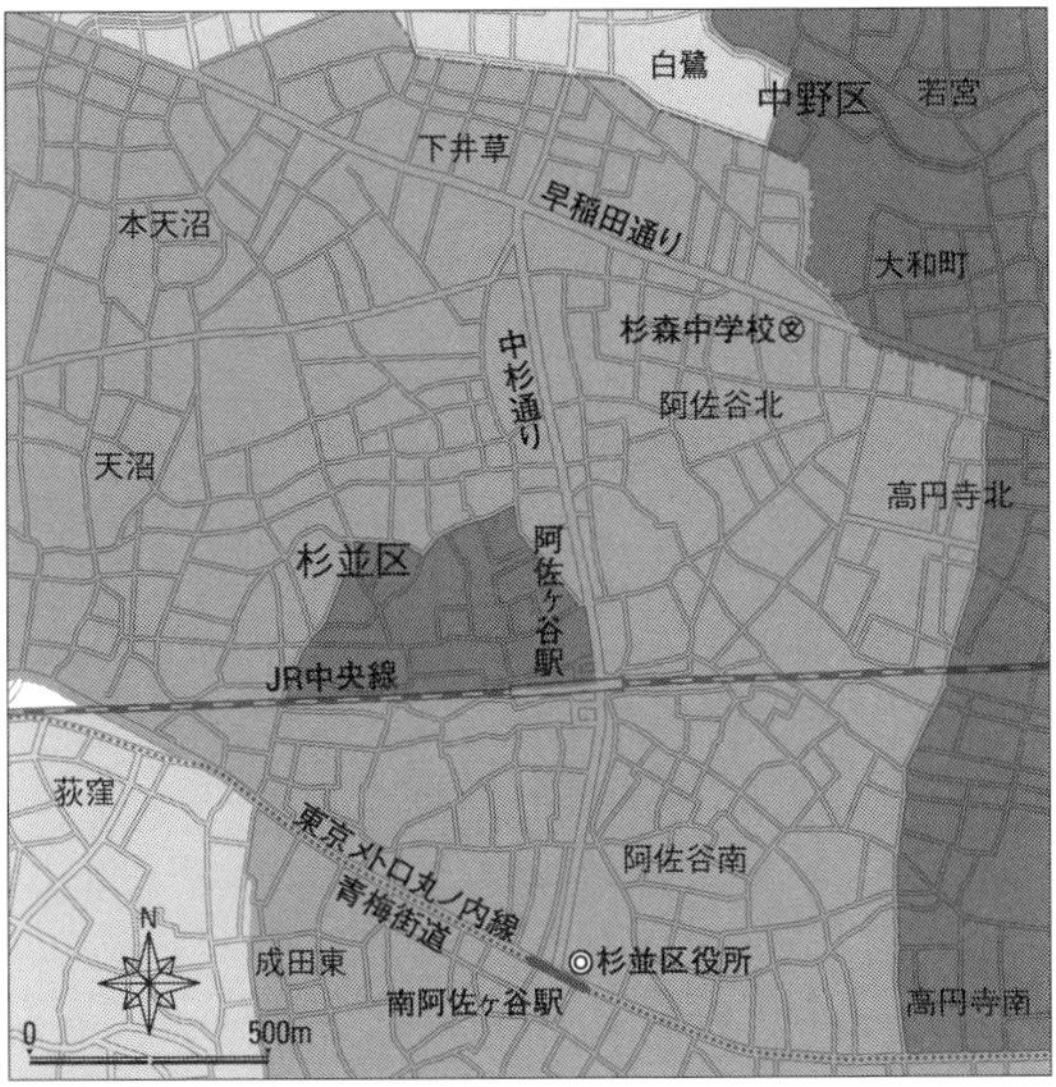

地域危険度マップ
（災害時活動困難度を考慮した総合危険度マップ）

東京都都市整備局「地震に関する地域危険度測定調査」（第7回・平成25年9月公表）に基づく。総合危険度はランク1から5まで、数字が大きいほど危険度も高い。

総合危険度

- ランク４
- ランク３
- ランク２

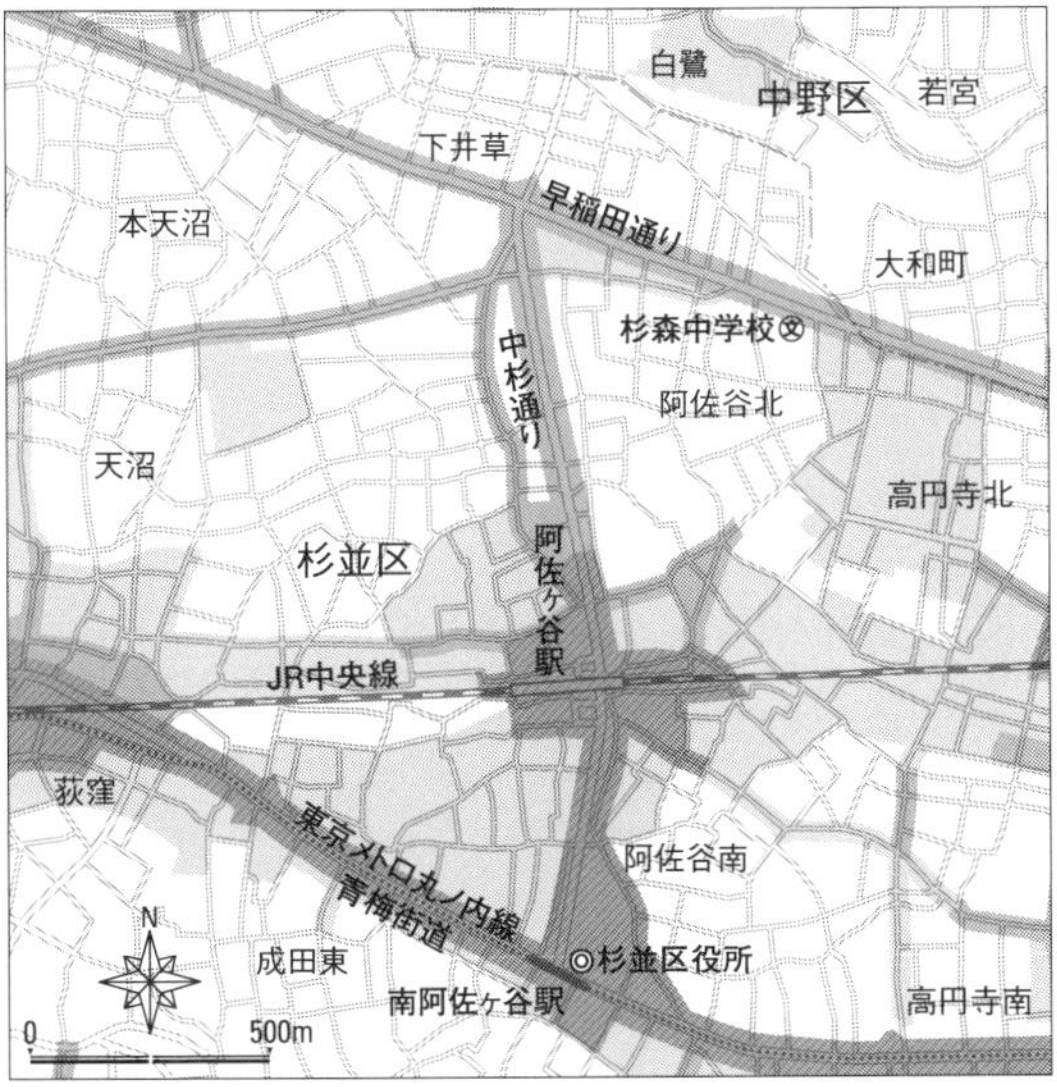

都市計画図（杉並区・中野区）

「東京都市計画図」（平成25年3月現在）に基づく

- 第一種低層住居専用地域
- 第一種中高層住居専用地域
- 近隣商業地域
- 商業地域

から絞っていくしかありません。

阿佐ヶ谷で土地を見つける

年が改まって2011年になり、なかなかピンとくる土地に出会わないでいるところに、取引している銀行から電話がかかってきました。「大きな現金が普通預金口座に入れっぱなしになっていますが、何かにお遣いですか」。相続したお金の話です。まだ使い道を決断しかねていたので曖昧な返事をしていると、「当社は融資だけでなく、不動産も関連会社がやっているので、物件をご紹介できますよ」と続けます。銀行からの紹介だと、不動産の情報が入れば公開する前に優先的に知らせてくれるとのことでした。飛び込みで訪ねた不動産屋が口を揃えて「物件は動いていない」と言うのは、公開前に契約が決まっているということなのかもしれません。

そこで銀行から、不動産部門のHさんを紹介してもらいました。この人は実にマメな方で、さっそく中杉通りを鷺宮に寄った「白鷺」の物件を紹介してくれました。これは自宅から自転車で一〇分もかからない更地で、結構気に入りました。

ところがいよいよ契約しようかと検討を始めた矢先、Hさんが息せき切って「あの土地はダメです。危ないところでした」と電話してきました。その土地は隣の土地と一体で所有され、半分だけが売りに出されていたのですが、杉並区は条例により平成16年から「敷地面積の最低限度規制」を導入しており、登記上分割して規制値未満になる土地には、新築の許可が下りないというのです。狭小でもすでに家が建っている土地で改築する分にはおとがめはないが、土地の細分化に相当する物件はダメ。この土地は建坪率が60パーセントなので60平方メートル以下では建物を新築できません。購入するまで気づかなければ、どうなったか判りません。まさに危機一髪でした。

こういった具合ですから、自宅から自転車で行けるさほど遠くない場所という条件をつける限り、そもそも私の計画は実行不可能に思えてきました。

ところがHさんは、粘り強い人でした。更地がもう一ヶ所見つかったというのです。2011年6月のことでした。早稲田通り沿い、路地との東南の角地で、阿佐谷北六丁目の交差点を高円寺に向けて500メートルほど。杉森中学の手前です。一辺がそれぞれ4・39メートル、6・47メートル、4・71メートル、6・25メートル。直角がなく、台形をさらに歪めたような四角形です。

用途地域は「近隣商業地域」、高度地区は「第二種高度地域」。うれしいことに建坪率は80パーセントで、容積率は300パーセントもあります。これならば、本と仏壇を収納できます。商業地域といっても周囲に商店はまばらで、車の行き来は相当あり騒音はかなりのもの。アパートや三階建ての家が建ち並んでいます。ノーマークでしたが、この地域は私の要望にかなっていました。阿佐ヶ谷駅からは徒歩一四分とのことですが、自転車で移動する私には問題ありません。自宅からも五分もあれば行けます。土地の値段には、相続した遺産の約半額が書かれていました。

Hさんによると、この土地は東側の路地に面した辺と路地との間に幅最大50センチメートルほどの三角形の切れ端のような土地があって、厳密にはこれが「私道」だとのこと。昭和20年代から区道と私有地の整理を重ねているうちに土地の切れ端があちこちに出来、その名残りだそうです。しかし私有地には違いないので、仮にこの東の辺に玄関を造ったとして、その狭い私有地に所有者が塀を建てでもすれば、家から出られなくなります。実質的には放棄地なのですが、この部分を使わせてもらうには承諾が必要になります。仲介してもらい、無事に所有者から承諾を得ることができました。

さっそく堀部安嗣さんに連絡し、土地を見てもらいました。天沼の第一種低層住居専用地域も見てもらっていましたが、そちらだと建築物の構想に相当な制限がかかると見ていたらしく、制限の緩いこちらならアイデアが湧きそうな雰囲気でした。「地下を掘れば四階まで使える可能性もあるから、集密書庫でなくとも吹き抜けにもできるし、クリエイティブになります。RC（Reinforced Concrete　鉄筋コンクリート）ならこの土地が生きますよ」とつぶやいています。じっと宙を見つめ、いろいろと想像を巡らせている様子でした。

堀部安嗣

依頼を受ける

最初は些細な話からでした。2010年の終わり頃に松原さんの奥様である幸子さんから電話があって、「借家にある本を収める、松原の書庫のような書斎のようなスペースをつくれないでしょうか？　またそこには松原の祖父の仏壇も納めたいと思っています。その場所として中古の小さな住宅を考えているのですが見ていただけませんか？」――と。

とにかくその古い中古住宅を見に行きました。環境はいいところでしたが、古く小さい木造住宅ゆえの積載荷重や構造的な問題、床面積の小ささ、制約の多さなどからピンとくるものがありませんでした。一般的に静かな環境のいいところというのは容積率が抑えられており、床面積の充実した建物が建っていませんし、建てられません。つまり限られた予算のなかでは書斎のための静かな環境を優先するか、収蔵のための床面積を優先するか、の選択を迫られるのです。

予算が潤沢にあるわけではなかったのですが新築の可能性も視野にいれつつ、他の候補の土地も見に行きました。しかしどうもなにかしっくりとくるものがなく、「なかなか難しいですね……」といった感じで宙を見上げていました。奥様のお店であるカフェ〈ひねもすのたり〉を改築したときのように、いくつか候補物件を見てあきらめかけたころ「これだ！」というものに出会う体験もしてきているので、しっくりくるものが見つかるまでは妥協しない方がいいとも思いました。その後は松原さんからもしばらく音沙汰がなく、日常の慌ただしさのなかで、次第に私の中では書庫計画の存在は薄くなってゆきました。

半年以上時間が経ったころ、「新築を前提に候補の土地を見つけたのでぜひ見てください」との連絡が久しぶりにありました。2011年6月の事です。

以前の電話の口調とはずいぶん違って、今回の土地には手応えを感じられているようでした。まずは不動産屋さんが作成した土地の図面をファックスしていただきました。なんと「土地面積八坪」。愕然としました。はたしてこの土地の小ささで、要望のものが収まるのか、土地を購入したのはいいけれど満足できる要素を満たした建築が建てられない、ということになりはしないか？　そんな不安がよぎったので、まずは事務所の塚越阿希江に法律のチェックをしてもらうことにしました。このことがきっかけで塚越がこのプロジェクトの担当者になります。

その法律チェックの結果を簡単に説明しましょう。この土地に準耐火構造の木造を建てる場合は二階建てまでで床面積は合計で一六坪しかできません。RC造で耐火構造にすれば地上三層以上が可能になり、床面積も二六坪までひろげる事ができます。また、早稲田通りに面した交通量の多い喧噪な土地であることもわかりました。前述した静かな環境を優先するか、静かな環境は諦めて床面積の確保を優先するか、の選択でいけば、この土地は間違いなく床面積、すなわち容積を確保して価値が発揮される敷地であることが明白です。となると容積率300パーセントが許されたこの土地の価値を引き出すことのできるRC造の耐火建築とするのが理に適っています。しかしこれまたやっかいなことに、この狭い敷地に北側斜線制限（註・北側隣地の日照の悪化を防ぐため、建築物の北側に課せられる制限）がかかってくるので、三階部分のおよそ半分は斜線で削られてしまいます。

またRC造にはコストや小さな土地に対してオーバースペックになりはしないか、という問題が残ります。つまりRC造の場合、木造等に比べ壁も厚くなりますし、重量もあるので、軽自動車のボディーに大型車のエンジンを載せたようなアンバランスな建築になるのではとの危惧があったのです。また地盤強度も必要になってきます。この時点からすでにこの建物の設計は一筋縄ではいかない、一つの問題を解決したら次の問題が顔を出すような、そんなことの連続になるとの覚悟をしなければならない、と思いました。

　実は今回の土地の条件の場合、常識的に考えれば合理的なのは鉄骨造なのです。しかし私にはどうも書庫と鉄骨造が水と油のように感じられてしまった。本は元々木からつくられるので、木造はお互いの肌合いが良い気がします。RC造は大切な本を火から守ってくれ、また読書のための静かな環境をつくりだしてくれそうに感じるので相性がいいように思います。一方鉄骨造は自由度があり、困難な敷地においては物理的、論理的には最適に思われますが、融通の利くあまりにも便利すぎる工法が、私にとっては今回の書庫にふさわしくないように感じられました。なぜか不自由さの中に自由を見出そうとするような、そんな情緒的に〝気持ちで考える〟体質が私にはあるようです。

　後日、土地を見に行きました。土地の図面からある程度覚悟をしていましたが、実際に体感する土地の狭さも容赦なくこの計画の困難さを物語っていました。敷地も長方形だと思っていたら、一つも平行なところのない歪な四角形でした。

　しかしせっかく、松原さん夫妻が長い時間をかけて探され、「ここならば」と手応えを感じた土地です。こちらも設計のプロとして冷静に客観的で論理的な視点で、この土地への見解を表現しなければなりません。

　この土地の魅力は角地であること、街路樹がすでにあり、自分の庭の樹木と思ってしまえば、あえて狭い敷地に樹を植えなくてもいいこと、もちろん樹木の世話も必要ありません。さらにすぐ斜隣にコンビニがある事です。このコンビニを自分の巨大な冷蔵庫、保管庫と思ってしまえば、狭い土地と建物の中にわざわざ食品やものを保管する必要がないのです。工事中は職人さんや監督にとっての重要な〝オアシス〟として機能することでしょう。また、早稲田通りの交通量がかなり多く、直線でスピードを出す車が多いので、間違いなく建物を騒音から〝守る〟ことが必要だとわかりました。

　それら敷地を見て分析した結果をふまえて、松原さんと打ち合わせをしました。まず木造でいくかRC造でいくかを、それぞれの一長一短を説明して松原さんに投げかけました。結果、松原さんはやはりRC造を選ばれました。しかしRC造ということになれば神戸のご実家を売却したお金のほぼすべてをこの建物に使うことになります。

私としてもそのお金をかけただけの〝建築としての質〟を実現しなくてはならなくなったのです。そして、「土地を正式に購入する前に、この土地、この条件下でどんな建築のプランができるか、まずは一つつくってみましょう。そのできたプランを保険として土地を最終的に購入された方がいいと思います」と言って、いったんその日は別れました。

事務所に戻ると、早速地盤調査を行い、地盤の強度、地下水位の位置を調べてもらう事を指示しました。結果、建物を地上から一・五メートル掘った土の上に載せれば杭も打たず、地下の浸水も気にする事なくつくれることがわかり、半地階〜地上二階建てのRC造ということを前提に計画が動き出したのです。

早稲田通り沿い、約８坪の書庫建設予定地。
様々な条件をクリアし、たどりついた場所。

どんな家を建てるのか

2011.06 — 2012.05

松原隆一郎

阿佐ヶ谷の土地柄

小豆色の街、阿佐ヶ谷

もともと阿佐ヶ谷駅の北一帯は戦前は大地主の地所で、田んぼや畑だったそうです。私の自宅は阿佐ヶ谷駅と阿佐谷北六丁目の交差点の中間辺りを西に入った北三丁目にあります。かつて一帯の地主であった「T家」が隣接し、自宅を購入した相手もTさん。現在の東隣もTさん、北隣も井戸や蔵があって、玄関を覗くと「電話部屋」のあるT家です。阿佐ヶ谷駅の北口、西友の隣にある杉並第一小学校は区でもっとも古い小学校ですが、その入り口に明治時代の地図があり、それによると駅の位置の北方面にはT家のみ記されています。駅との間は田んぼと畑だけですから、T家は駅まで所有地だけを伝って行けた大地主なのでしょう。Tさん姓は、みなさん親族筋のようです。

建築史家の陣内秀信は阿佐ヶ谷について、「まだ車のない時代、歩くという時代に築かれた街のストラクチャーに原構造を委ねている」と述べています（「ラピュタ通信」創刊号1999年12月）。

確かに駅から拙宅までは、細い路地がくねくねと網を張っています。かくれんぼにもってこいのような分岐の仕方ではありますが、それでいて駅まで最短距離の道を選ぶことができるのは、これらの細道がかつて田畑の畦道であったことを物語っています。

紹介された土地に面した路地も、ちょうどそうした畦道だったのでしょう。それを自動車も走れるようにまっすぐに整備した際、切れ端が出てしまったのです。

阿佐ヶ谷を南北に貫く中杉通りも実は戦後昭和27年に都道として整備され開通した道で（北側は昭和55年開通）、それまでは阿佐ヶ谷南本通り（現パールセンター商店街）が青梅街道側へ出る主要な道でした。この整備に伴い阿佐ヶ谷南本通りは東京で初めての歩行者天国の商店街になったのです。写真【88頁】は和菓子屋の「とらや椿山」さんからお借りしたもので、阿佐ヶ谷の生き字引である大旦那さんからそう伺いました。

川本三郎の『郊外の文学誌』の「空襲の被害の少なかった——阿佐ヶ谷」という章によれば、阿佐ヶ谷には大正時代においてもまだ武蔵野の自然が残っており、文士にとっては「自然の中に隠れ住む」ことを味わえる西の郊外（西郊）だったといいます。北原白秋も没するまで駅北口を線路沿いに高円寺に向かって歩いた一角（北五丁目）の洋館に住んでおり、この辺りは田園と都会の融合した雰囲気を保っていました。

とくに昭和20年代までは庭と生け垣と洋館の一体化した昭和モダンの家が多かったそうですが、それが簡易アパートの密集地帯に一変したのは、相続税を払うため、庭にアパートを建てる家が増えたからだと川本は説明しています。実際、そうした傾向はいまなお続いており、街のシンボルともいえそうな桜の樹を持つお屋敷がある日更地になり、そこに何軒もの分譲住宅が建ったりしています。「文士村」と言われた阿佐ヶ谷は、相続税によってアパートとマンションの街となり続けているのです。

それでも「洋館」や「昭和モダン」の家を見つけることは、いまなお不可能ではありません。同じく北五丁目にある阿佐ヶ谷教会近くに知人のイラストレーターが借家していますが、その家も小豆色の木造、小さな庭と洋室を持つ一軒です。町内に点在するそうした家々を想像上で合成したのが、宮崎駿『となりのトトロ』の家でした。

阿佐ヶ谷の古い洋風のお宅は木造に「小豆色」を塗っているのですが、杉並区ではこの色を重視しているらしく、住居表示のプレートも小豆色です。というわけで、景観保全主義者である私は拙宅も小豆色にしています。

阿佐ヶ谷商店街（現パールセンター商店街）の青梅街道側入り口［上］とJRの駅側の入り口［中］。ともに1957（昭和32）年。1958（昭和33）年の阿佐ヶ谷駅前［下］には、奥に1952（昭和27）年に整備された大通り（中杉通り）が見える。左手「鉢の木」の看板のあたりが阿佐ヶ谷商店街入り口。

もっとも杉並区が緑溢れる土地柄かというと、そうは断言しづらいところがあります。むしろ緑は危機に瀕しているとさえ言えます。杉並区内には高木に囲まれた屋敷林を有する邸宅が40軒ほどあり、とりわけ下井草駅南から善福寺川にかけては巨大な森や竹林を擁するお屋敷が点在していて、自転車で巡ると遥か先の上空に頭を出す高木と鳥の「チ・チ・チ」となく声に導かれて次のお屋敷にたどり着くといった具合です。鳥たちは屋敷林を往き来しているのでしょう。

しかしそうした杉並区北部のお屋敷も、林を維持したいものの相続税対策に頭を悩ませていると言われます。善福寺川近くのN家は先代が物故したとき、お屋敷を物納したと聞きました。図【91頁上】のように、JR中央線の阿佐ヶ谷〜西荻窪間の北側には、屋敷林が見当たりません。それは相続によりお屋敷が手放され開発が入って、マンションが建ったということです。つい最近も、高井戸東三丁目の屋敷林が開発手続き中となっています。

そうしてみると、阿佐ヶ谷の北側はまだ屋敷林が四軒維持されているだけ幸運とも言えます。自宅が隣接する三丁目のT家は屋敷林が鬱蒼と茂り、ウグイスが居着いて「谷渡り」を見せるという緑溢れるお宅ですが、他に阿佐ヶ谷駅周辺では鬱蒼とした森を擁するA家が北口近く、北口アーケード・パサージュの金物屋さんの本家のW家が馬橋公園脇に、E家が早稲田通りの南で杉森中近くと、健在です。

ともあれ、緑が失われつつあるのだとすれば、私なりには緑に囲まれる家を持ってみたくなります。それが室内の盆栽だとしても、です。

「谷」の街、阿佐ヶ谷

この阿佐ヶ谷という土地について、いまひとつ思い出したことがあります。

2005年の9月4日に大雨が降り、阿佐ヶ谷でも駅前の飲み屋街（一番街）などが浸水したのですが、実は阿佐ヶ谷は地形的に「谷」にあたります。杉並区が発行している「洪水ハザードマップ」【左頁下】によるならば、杉森中学の西隣、早稲田通りの南側は、小さな領域に「浸水の可能性あり」のマークが付けられています。

そういえば阿佐ヶ谷が「谷」であるというのは、中沢新一『アースダイバー』によれば、縄文時代の地球温暖化と関係があるのだそうです。縄文時代には現在よりも5度は気温が高く、何メートルかは海面が高かった（縄文海進）のです。そのせいで山手線の東側は海岸で、そこから吉祥寺まで湾が蛇行しながら細く伸びていました（そうした湾はもう一本南で平行に、渋谷にも伸びていました）。「四谷」とか「谷」が付く地名はその頃の岸に当たっており、そのせいで阿佐ヶ谷にも貝塚があるのです。中沢氏によれば、阿佐ヶ谷駅近くの神明宮も湾岸に立っていたとか。

中沢説にはいつもの通り毀誉褒貶あり、『アースダイバー』の海進地図が大げさにすぎるという批判があるそうです。けれども大水に襲われた阿佐ヶ谷で線路沿いの地下室が軒並み浸水したのは、私が目撃した事実です。中沢説は、看過できません。

この件について強い意見をお持ちなのが、知人である漫才コンビ「爆笑問題」の太田光の奥さん（光代さん）です。ご夫妻のお宅は阿佐ヶ谷の某ブロックにありますが、くだんの大雨で地下室が浸水し、改築のため一年間も転居を余儀なくされたのです。

「コンクリの家を買ったのに、30平米くらいの地下室が膝まで水に浸かったの。仕方なく、高床式の家に建

杉並区の屋敷林の分布図

「杉並区みどりの顕彰　後世にのこしたい杉並の屋敷林」（平成25年3月）に基づく

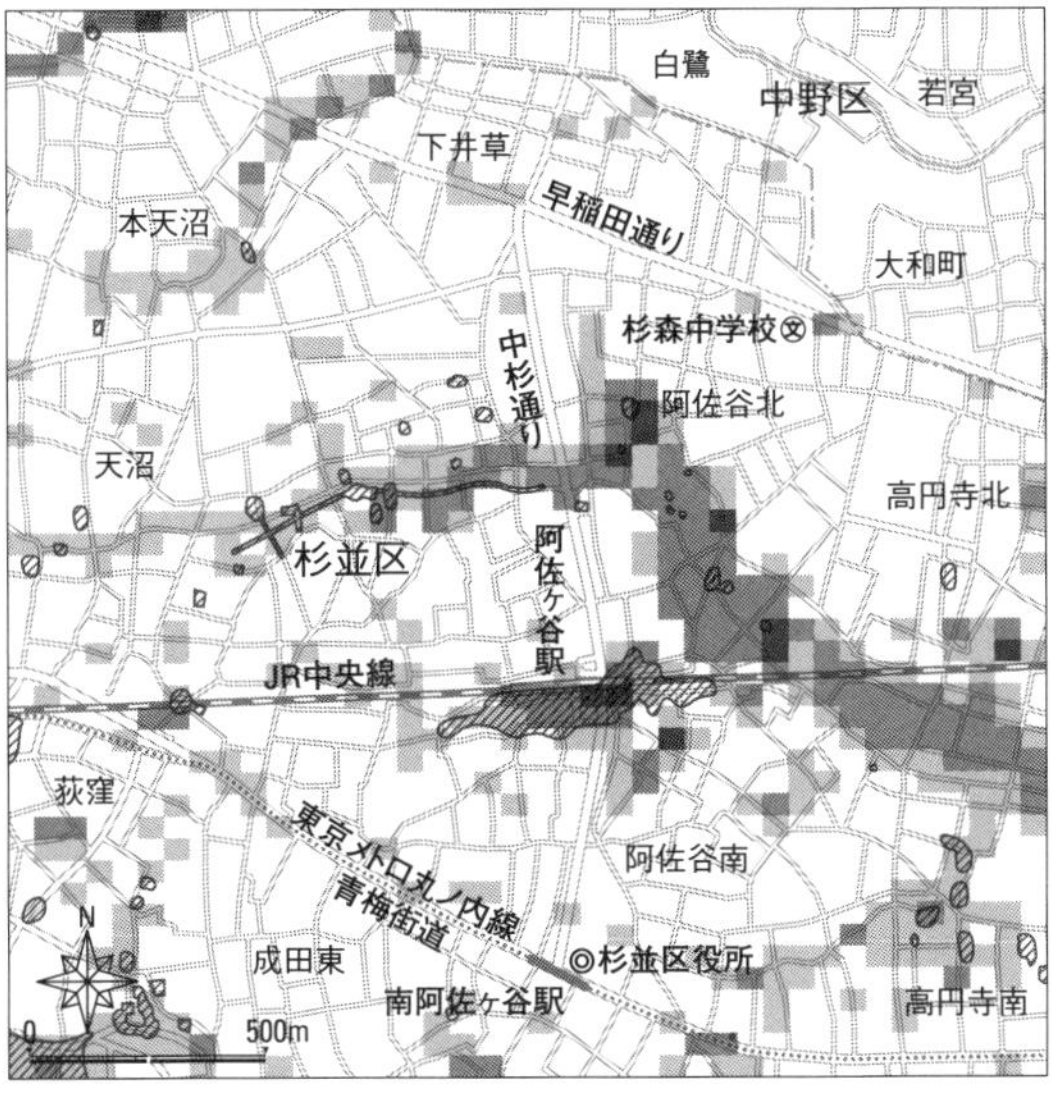

洪水ハザードマップ

「杉並区洪水ハザードマップ」（平成23年4月）に基づく

浸水した場合に想定される水深（浸水の目安）

- 0.2m 以上～ 0.5m 未満（大人の膝までつかる程度）
- 0.5m 以上～ 1.0m 未満（大人の腰までつかる程度）
- 1.0m 以上～ 2.0m 未満（1 階の軒下まで浸水する程度）
- 浸水のあった箇所（昭和 55 年～平成 22 年）

て替えたわ。このへんは水脈があるから、地下室に本を置くのって薦められない。本は大事なんでしょ？」

それはそうですが、防災・用途地域・浸水と条件を重ねて、ほぼピンポイントでこの土地にたどり着いたのです。この地域以外では、希望の書庫は建たないのが事実と言っていい。そこで念のため、ボーリングをすることにしました。一日かけた地盤調査の結果は、掘り起こすと関東ローム層に突き当たるが、そこまでは半地下を掘ることが出来る、しかし丸々の地下一階まで掘ると湿気が充満する危険性は否めない、というものでした。

地盤調査を受け、この土地は書庫の土地に必要な条件を最終的にクリアーしました。そして2011年7月28日、いよいよ土地の購入です。Hさんと司法書士の立ち会いのもと、土地の売り主である不動産会社社長と契約を済ませました。いよいよ堀部さんの手に建築計画を委ねることになったのです。

松原隆一郎

堀部建築との出会い

堀部安嗣との出会い

私は今回の書庫建設で、堀部さんに仕事をお願いするのは四回目となります。初回は阿佐谷北三丁目にある現在の自宅（1997年、リノベーション）。二度目は息子の部屋等の増築。三度目が阿佐谷北一丁目、家内が経営する器も販売するカフェ〈ひねもすのたり〉（2006年、リノベーション）【107頁】です。

もちろん初回の自宅に15年間住み、気に入ったからこそ設計を続けてお願いしてきたのですが、実は最初に堀部さんの名前を知ったのは私ではありません。

最初の家を取得するための資金に目処が立ち、阿佐ヶ谷に中古家屋を探し始めてしばらくした1997年の春、家内が「この人に頼みたい」と、建築雑誌を持ってきたのです。

そこには〈南の家〉（1995年）【106頁】および〈ある町医者の記念館〉（1995年）【207頁】と題される写真が掲載されており、静謐な空間に私も惹かれました。家内がさっそくに電話で連絡し、堀部さんと面談することになりました。「名前からそこそこの年配かと思ったけど、声が若いわねえ」と受話器を置いた家内が言っていたことを覚えています。1997年のことです。

私自身、すでに2002年に『失われた景観』として出版することになる景観論を書き始めていました。2000年に著した『消費資本主義のゆくえ』でも、財を「持つこと」よりも「使うこと」の重要性を主張していました。つまり私は、家屋を所有することよりも、街並みや暮らしに関心があったのです。

そのため住居となると、アパート暮らしの長かった私は家を取得するなど実感がなく、具体的な「住みたい家」のイメージは持ちあわせていませんでした。だから私が自分で建築雑誌を漁ったとしても、堀部さんにたどり着いたかどうか分かりません。したがって祖父母（の遺産と仏壇）と堀部さんの接点は、厳密には私ではなく家内だったのです。

これはいささか不思議な縁ではあります。祖父母の記憶が消しがたいものでなければ、私はわざわざ書庫を新築しようとはしませんでした。しかし書庫建設を決心したとしても、家内がいなければ堀部さんにはたどり着かなかったのです。しかも1997年に家内がお会いした段階で、堀部さんは現在のようには名の通った建築家ではなく、大学を卒業したばかりの新人建築家でした。専門家の評価や雑誌の宣伝、知人の推薦といったものはなく、たった数葉の写真だけが手がかりだったのです。それら数葉の写真を見た時に家内が得た「直感」が、祖父母と堀部さんを結びつけたのでした。

ではその「直感」とはどんなものだったのか。以下は、家内との対話です。

白井晟一から内藤廣、そして堀部安嗣へ

――建築には、もともと関心があったの？　僕は仕事が忙しかったし建築には不案内だったんで、ノータッチだったんだけど。「任せて。自信ある」と言っていたから。

松原幸子　もともとは書が好きなんだけど、20歳くらいの頃だったかに、書もする人として新聞で建築家の白井晟一が紹介されていたの。それで白井の作品集を見てみたら、建築物に精神性を感じた。ただ建物が建っているのではない、何かの空気というか。それで神谷町のノアビル【96頁右上】や浅草の善照寺、銀座の親

和銀行東京支店（現存せず）、神泉の松濤美術館【96頁左上】を見に行ったの。
建築にも興味を持つようになっていろいろ訪ね歩いて気づいたんだけど、有名な建築家だからといって、白井晟一作品のような精神性があるわけじゃないのね。白井は特別だったと分かってきた。

――その頃まだ白井は存命だったっけ？

幸子　1983年に亡くなってた。でもいまから何年か前に新江古田の自邸〈虚白庵〉が取り壊されることになって、中に入ってみるチャンスがあった。それで自分が住んで落ち着ける家じゃない、とは思った。リラックスできない。厳格過ぎるっていうか。ありえない話だけど、今もし頼めるとしても、頼まないかな。

――それはそうだ。どんな名建築でも暮らしにくかったら、僕らでは資金的に取り返しがつかないからな。

幸子　それで建築について好きな空気感はインプットされたっていう自覚はあったので、建築雑誌をいろいろ見ていた。なかなかピンとくる家はなかったんだけど、そんな中で目に飛び込んできたのが内藤廣さんの中古マンションのリノベーション〈杉並・黒の部屋〉（1994年）【96頁下2点】。コンクリが剝き出しで、そこに中川幸夫の「櫻」の書と草間彌生の絵が飾ってあって。
リフォームでこんなことができるんだというのは驚きだった。それで家を買ったあと真っ先に内藤事務所に電話してみたの。「中古の家をリフォームできますか」って。でも「今、仕事がいっぱいでリノベーションまで手が回りません」って丁寧に断られた。

現存する白井晟一の代表作。
上／松濤美術館　東京都渋谷区　1980年
右／ノアビル　東京都港区　1974年

杉並・黒の部屋　内藤廣　東京都杉並区　1993年
改築工事でもとの壁面を剝がし、コンクリート剝き出しになった壁に中川幸夫の書[上]と草間彌生の絵[右]が掛かる。

——内藤さんが東大の土木の先生になられる前の話だから、学内のツテで僕が頼むこともできなかったしね。

幸子　でも内藤さん関連の記事には目を通すようにしていたので、内藤廣・川口通正の特集「和の素材・和のかたち」が組まれていたインテリア季刊誌「コンフォルト」を手に取ったの。そうしたらもう一人、堀部安嗣という知らない人の名前で〈南の家〉の紹介記事が出ていた。

それには「ビビッ」ときたのね。名前も初めて見たけれども、何の迷いもなく、「この人にしよう」と思った。窓を大きくとって、梅の木が真ん中に見えて。リビングの空気に詩情が感じられたの。「一目惚れ」っていうか。壁の漆喰や板張りの床、畳に、素材感ていうかテクスチャーが感じられる。化学的工業的ではない、自然な感じっていうか。

あとで堀部さんから葉書をもらったとき、抽象画家のド・スタールの絵が使われていた。私もド・スタールの絵が好きだったから、驚いた。その時、堀部さんはド・スタールの収蔵されているコートダジュールのピカソ美術館みたいな建物をいつか建てたいと言っていたわ。

リノベーションの依頼をする

幸子　電話をして、リノベーションなんですが、と言ったら、堀部さんは「はい、是非」という返事で。それで小日向のその頃の事務所でお会いしたら、あまりに若くてびっくりした。学生上がりのホヤホヤというか。でも飾らない感じに好感が持てたし、作品は老成していて、自分ではこの人で大丈夫という自信があったの。

だから、「白井晟一に通じるところがあると思う」と言ったの。堀部さんはどう思ったか分からないし、彼のはもっと柔らかな精神性だけど。それで受けてもらえることになった。私としては、ブランドになったりしていない人を、自分だけの価値基準で選べたのがよかったんだと思う。情報に左右されないで、自分が感じたままでお願いできたから。だから「私たちと一緒に育っていく家にしてほしい」と頼みました。

そうしたら設計の構想を練っている時にも、私は南向きが良いに決まってると思っていたのに、「北の光はよいものですよ」と教えてくれたり、「高い天井だけがいい訳ではなく高さと周囲とのバランスが大切」というようなことを言っていた。そうやって建築についての認識を建築家に変えられながら、設計が進んで行ったんだわ。

施主と建築家のお見合い

当時、堀部さんには東京近辺にまだ自作がありませんでした。そこで構想を練る段階で堀部さんに誘われて、家内と三人で新宿区中井にある〈林芙美子邸〉(1940年)を訪ねました。私は、自分は家屋が周囲の景観から断絶して自己主張するのは嫌いだということを自覚していたし、堀部さんの建築は窓の切り方が絶妙で、窓を額縁のようにして外の景色が一幅の絵のように見えるところが素晴らしいと感じていました。林邸の居間で堀部さんと二人して庭を見ながらこっそり寝そべった時、彼にそう伝えました。

家内は家内で、玄関にリチャード・セラの「ダブル・リングⅡ」という、書みたいな大きな絵をかけたい旨などを喋っていたようです。堀部さんは設計の構想に入る前に施主とやりとりすることを「お見合い期間」と呼んでいますが、その時期に私たちは、互いの家に対する思いをかなり密にかわすことができたのです。

現在、拙宅には、漆喰の壁に、家内が買い求めた様々な抽象絵画が掛けられています。堀部建築の特徴である北向きの大きな窓際はタイルの棚になっており、そこには前川秀樹の木彫の女性像が置かれています。前川はくすんだような色合いで『不思議の国のアリス』に出てきそうな動物たちや人物像を彫る作家ですが、この像にしても、まるでそのタイルに置かれるために生み出されたかのように馴染んでいるのです。

まだ存在しなくても、いつか必然のように出会うもの。そうしたものたちが、堀部さんが設計する家に集まり、出会い、絡み合っています。

〈ひねもすのたり〉でも、赤木明登の漆器、小野哲平の陶器、長谷川まみのスプーンなどが、堀部建築の透明な空気感に包まれ、まるで一族のように同居しています。

私の祖父母の仏壇や昔から実家にあった無名の作家の風景画も、そのようにして「書庫の家」をついの住まいとしてくれるのかと期待が膨らんでいったのでした。

堀部安嗣

施主との出会い

建築家の〝勲章〟は作家としてのステージでとらえれば建築の賞などがそれに該当すると思います。しかしもう一方で〝人としての仕事〟というステージでとらえれば、同じ施主にもう一度仕事を依頼されるということが私にとってのそれに該当します。特に一生のうちに何軒も建てることのない個人の施主ということになればなおさらです。自分の設計した建築に完璧なものなど一つもありません。実際に何年も住まわれている方には、こちらには伝わっていない、あるいはこちらが察していない不具合や不満が多々あるのではと容易に想像がつきます。しかしながら、うまくいっていないところもひっくるめて、おおらかに認めてくれ、さらに次回に期待いただくことを本当に有り難く、誇りに思います。幸運なことにこの20年間でその勲章を多くの施主からいただくことができました。そして松原さんからいただいた勲章は今回の書庫の依頼で実に三つ目になります。またひとつひとつの依頼が私の20年間の設計活動の中で大きな節目節目にあたっていることも重要な点です。

最初の依頼であるご自宅の改装についてのお話があったのは今から17年前のことですが、当時私にはほとんど仕事がありませんでした。処女作である鹿児島の仕事〈南の家〉【106頁】と〈ある町医者の記念館〉【207頁】が終わった後、約一年間は事務所に来ては音楽を貪るように聴き、音楽に飽きたら本を読み、そのまま昼寝をして一日が終わるといった生活を繰り返していました。

当時の建築業界では26歳の若さで独立するなどということは考えられない状況で、修業半ばでのあまりにも無謀な駆け出しだったので当然といえば当然の結果でした。その間、依頼の話は何件かありましたが、実際に会うと私があまりにも若いので、不安になって断られることがほとんど。仕事にならない状況が一年ぐらい続き、やはり設計事務所をこれ以上続けてゆくのは無理かと思いはじめた、そんな矢先に松原さんと出会ったのです。場末の地下のアジトのような当時の事務所に松原さんの奥様である幸子さんが初めていらしたときのことは今でも覚えています。

インテリア誌「コンフォルト」に掲載された鹿児島の処女作の写真を見て、琴線に触れる特別なものを感じて自宅の改装を依頼したいと、真っ直ぐ熱っぽく語られました。家に対する具体的な要望、例えば台所はこうしたいとか、間取りはこうしたいとか、部屋は何畳欲しいとか、そんなことは話さず、代わりに「あなたの作品からは哲学性と詩情を感じるから、その才能をいかして私の家の設計に取り組んでほしい」と抽象的でとても難しくかつやりがいのある要望を話されました。そのとき、この方は建物という物理的なものを買おうとしているのではなく、自分という人間を買ってくれているのだ、と気付きました。鹿児島の処女作の施主は親戚ということもあり、もともと私の存在を肯定してくれている方だったので、私はおそらく初めて建築家としての自分を認めてくださる施主に出会ったのだと思います。世の中捨てたものではない、これからも設計の仕事を続けてゆけるかもしれない、と嬉しく思いました。

後日、これから改装することになる松原さんが中古で購入した阿佐ヶ谷にある家を見に行き、当時住まわれていた同じく阿佐ヶ谷にある借家にもお邪魔しました。ご主人の松原隆一郎さんにもはじめてお会いしました。

大学の先生という先入観から、気難しく、また居丈高に色々なことを要求してきたり、若い自分に不信感を持ったり、ひょっとしたらまた断られるのではないだろうか、などの心配をしながらの対面でしたが、挨拶もさりげなく、どうしても設計に反映して欲しいことを一つか二つ話され、「じゃあ、任せたのでよろしく」と——。その淡々とした雰囲気に驚きました。そしてこのお二人の初対面のときの印象、態度はその後、今回の書庫の計画まで17年間まったく変わっていません。

さて、今まで設計の依頼をされてくるどんな方にもお願いしていることがあります。それは設計を正式にお引き受けする前に、今まで私が設計した建物を少なくとも二、三軒は見ていただくということです。できれば実際に生活されている様子を見ていただきながら、五感で私の設計した空間を味わってもらい、そのあとで具体的な設計の話をしたいと思っています。例えば天井が高ければ豊かな空間ができるとの先入観をもっている方や、窓が広くたくさん開いていれば明るく開放的な住みやすい家になると思っている方に、実際に私の設計した天井が低く、窓が少ない家を体験していただくと「かえって落ち着きがでて快適なのですね」との感想をいただくことも少なくありません。もちろん、天井が高くて快適な場合もありますし、窓が大きくて快適な場合もありますが。とにかく「百聞は五感に如かず」なのです。建物は数値や性能だけでは決して語ることができないものなのです。

設計とは一言でいうと〝バランスの追求〟です。そこには様々なバランスがあります。明るいところと暗いところのバランス、狭いところと広いところのバランス、経済とのバランス、町並みや風景の中でのバランス、施主の実現したいことと設計者がやりたいこととのバランス、新しい表現と伝統的な表現とのバランス、など枚挙にいとまがありません。それらのバランスをとりながら、覚悟を決めて一つのかたちを与えてゆくわけですから、非常に難易度の高い仕事です。

その私のバランス感覚を五感でわかっていただくためには前述したとおり実際に私が設計した空間を体験していただくことが不可欠になります。しかし松原さんの改築の仕事をしているころは、私は体験していただく家を遠い鹿児島にしかもっていませんでした。そこで自分が設計したわけではないけれども、自分の考えや趣向に近いなと思える家を松原さんに体験していただくことにしました。その家が東京の中井にある林芙美子記念館です。当時は室内にも上がれたので、家の中で「この間取りや、天井高の設定、開口部の開け方などにとても共感します」というような話を松原さんにしながら、お互いに家に対する価値観を共有したように思います。そんな出会い、共感を経て改築設計の仕事にとりかかりました。

改築のプランは、以前より天井が低くなったり、窓をいくつも取り払ったり、最も人が長く居るダイニングが北側に配置されるなど、一般の価値観では到底受け入れられないようなものでしたが、私の「とにかく先入観を取り払ってバランスを追求した結果です」という言葉を尊重してくださり、ほぼ提案のままの状態で自分としては悔いのない仕事ができました。今でこそ建築家による改築の仕事が増え、社会認識も高まっていますが、当時はまだ建築家が真剣に住宅の改装の仕事をすることは少ない時代でした。けれども駆け出しの自分にとって、この時期に改装の仕事ができたことが大きな財産になりました。新築だけをやっていてはわからない、勉強できない、重要で本質的なことが改築の仕事の中に詰まっています。例えば築10年経った住宅の壁や天井を剝がしてみると、防水処理の不具合から思わぬところに雨漏りの跡が見つかったり、柱がシロアリに食べられていたり、サッシの取り付けに不具合があったり、経年変化に伴う劣化や、適切、不適切な処理がそれぞれどういう結果を招くか、ということを目の当たりにしながら学ぶことができます。それを学ぶと、あきらかに次に新築の設計をするときの姿勢と視点が変わります。図面の描き方やディテールの説得力も、一段階も二段階も強化されるように思います。改装の現場に張り付いて多くのことを学び、有意義な時間を過ごし、無事に改装が竣工しました。

改築から5年ぐらいが経過したころ、「息子も大きくなって手狭になったから増築を考えているのですが、またお願いできますか？」との話がありました。私にとって初めての〝勲章〟です。もちろん二つ返事でお引き受けしました。改築の時と同じ、氏家光男さんという信頼できる大工さんに施工を再度お願いする事ができ、難しいところも多々あったのですがスムーズに増築工事が終わりました。施工者との関係も、施主との関係と同じように、二度目、三度目、それ以上の関係を築けることが理想です。

２０００年を過ぎたころから事務所の仕事やスタッフの人数も増えだし、徐々に忙しくなってきました。また私の設計した空間を見てみたいとの言葉もちらほら耳に入るようになりました。けれども私の仕事は住宅中心で、そう気軽に実際の空間を体験していただく事はなかなかできません。気軽に見ていただきたいけど見ていただくものがない、という状況をどこか歯がゆく思っていました。私にとって住宅の仕事は設計の核であり、基本の仕事であることは建築を志したときから今までもまったく揺るがないのですが、やはり不特定多数の方がどんな時でも気軽に利用でき、体験できるような性格の建物をつくってみたいとの希望は昔からずっともっていました。

少し視点は変わりますが、私は住宅を公共建築だと思っています。言い換えれば公共的ではない建築など存在しないと思っています。どんな小さな住宅でもかけがえのない日本の風景の一部になるわけですから、建物の外観や佇まい、例えば屋根の形や外壁の素材や色、あるいは塀やカーポートなどは〝みんなのもの〟との意識をもつことが大切だと思っています。これは松原さんの思想ともつながることです。

そんな思いが強くなっていたころ、２００５年に、幸子さんから、お店の設計依頼のお話をいただきました。「また新築でなくて改築ですし、規模も小さい。でもお願いできますか？」。そんなニュアンスで恐縮されていましたが、私としてはまさに願ったり叶ったりのお話でした。これで色々な人に気軽に見ていただける空間を東京につくれるのです。同時に、この空間はいわば自分の設計の看板になることを意味しています。そのことを肝に銘じながら設計に取組みました。

実際に今、この幸子さんのお店〈ひねもすのたり〉【107頁】が私の事務所のアンテナショップ的な役割も果たしてくれています。例えば私に仕事を依頼したい方がまずここを訪れ、幸子さんにお話をして私の仕事状況や、考え方、設計の進め方の説明を受け、その後、私に連絡をとることがあったり。あるいはうちの事務所に入所希望の若い方が幸子さんに相談をもちかけたり、そんな場所になっているとの話も伺いました。

幸子さんの人の輪、ネットワークは広く、幸子さんに相談すればなんとかなる、そんな雰囲気があります。事実私も幸子さんの人脈によって仕事の協力者を得たり、様々なところで助けられています。

南の家　堀部安嗣　鹿児島県薩摩郡　1995年

ひねもすのたり　堀部安嗣　東京都杉並区　2006年

ふたつの目

堀部安嗣

建築への憧れはもっていたものの、自分が建築家になろうなどという具体的なビジョンのないまま、大学では〝環境デザイン〟という学科を選んだ。主にランドスケープや都市計画、地域計画といった環境全般、広範囲の勉強をするところである。今思えば他にやりたいことが見つからず、ここであれば色々なことが広く浅く学べるかもしれない、といった安易な気持ちであったように思う。しかし木々を見るのではなく森を見ることへの期待もあった。建築からでなく建築をとりまく環境から、建築への興味を膨らませていったように思う。つまり建築単体で完結するような建築への向き合い方でなく、むしろ建築をとりまく環境、世界の中で、どう建築があるべきか、という向き合い方が自分にとって自然で馴染んだものになったのである。

学生のころはバブル経済の最盛期であった。必要と思われない建築がどんどん建ってゆく状況のなかで、建築する行為をあまり肯定的に受けとめることができなかった。「〝建築はいらない〟ということを判断するのも建築家の仕事だ」などと生意気なことを言っていたのも〝鳥の目〟で建築を見ていたからだろう。どこか冷めた目線でリアルタイムに動いてゆく建築状況を見ていたのがこの頃だと思う。

鳥の目で建築を見ていた学生のころ、パラパラとランドスケープの本をめくっていて、そこで大きな出会いがあった。スウェーデンの建築家、グンナール・アスプルンドの「森の墓地」の写真に目が釘づけになったのだ。おそらく何百年も前につくられたものだろうと思ったが、よく本を読んでみると20世紀につくられたものだと書いてある。居てもたってもいられず北欧に行った。そこで体験した感覚は忘れられない。衝撃的な、あるいは深い感動というよりも、〝自分がここに居てもいい〟〝居られる〟というようなことを静かに無愛想に語りかけてくれているような、ずっと遠い昔につくられた寺院などに感じるような、そんな感覚を20世紀の建築に感じることができたからだ。そして新しく建築をつくる行為に罪悪感と抵抗感がなくなったのもこのときからだったのでは、と今思う。

独立して、約70軒の建築を設計してきた。その大半は住宅の設計である。そして〝鳥の目〟だけであった建築への見方は変わり、むしろ〝虫の目〟で建築を見つめる時間が多くなった。そこで生活し、暮らす、という建主の絶対的な生活のリアリティー、正直さ。そのことに面白さと確かさを感じたからだと思う。それは学生時代、〝もの〟や〝人の等身大の営み〟といったところからどこか距離をおいてきたことへの反動があったのかもしれない。言うまでもなく建築の設計はその〝鳥の目〟と〝虫の目〟のふたつの視点を駆使しながら考えなくてはならないのであるが、建築を学び始めた頃と現実の建築の仕事の中で見出した視点とに極端に大きな違いがあったのが、自分の一つの個性なのではないかと思う。

　いままで自分は何を考えてきて、何が変わらなかったのか。そのことを確かめに2007年の夏、アスプルンドの森の墓地と20年ぶりの再会をした。

　建築、風景、なにもかもが変わっていなかった。不思議なことに懐かしいという感覚もなく、ただ、ただ、淡々とそこに建築と風景が在った。なんと豊かなのだろう。

　建築、風景が何一つ変わっていないことで、自分の存在を静かに確かに感じられる。鳥の目で見ていた自分、虫の目で見ていた自分、そんな違いもなかったかのように、この空間に受け入れられ、包まれている感覚だ。この時間を超えた豊かな感覚を人に与えることのできる力。これこそが建築が建築でしか表現できない、建築のもっとも優れた力であると思う。

　しかしその建築の本質的な力を獲得するまでには長い設計の時間と不屈の精神力が必要だ。住宅を手がける中でその試練に立ち向かいながら、もう一方で、公共的な建築を手がけつつその試練に立ち向かってゆきたい。その思いが近年高まっている。遥か遠い北欧の地に確かに存在する、あの空間を心に抱きながら。

森の火葬場・森の墓地　エリック・グンナール・アスプルンド
スウェーデン　ストックホルム　1940年

松原隆一郎

住み手から見た堀部建築

堀部さんがプロの建築家として出発したもっとも早い時期に、〈南の家〉〈ある町医者の記念館〉の二枚の写真だけを手がかりに家内がブランドや口コミにも頼らず堀部さんに賭けることができたのは、建築を見る直観が正しかったからでしょう。

しかもその出会いは、たんなる偶然でもないらしい。自分が書を趣味としていたため、書もなす建築家として白井晟一に関心を持ち、しかし白井建築はあまりに厳格として、中川幸夫の書と融合しうる内藤廣のリノベーション建築に興味を移し、その延長線上で堀部さんの設計に自分の欲していたものを見出した。こうした堀部氏の建築にたどりつくまでの道のりには筋が通っています。白井晟一・内藤廣・堀部安嗣というラインに共通するのは、「静謐さ」ということでしょう。

〈阿佐ヶ谷の家〉に住んで

では、私はどう感じているのか。私たちは堀部氏の設計になる〈阿佐ヶ谷の家〉に、15年以上暮らしています。その実感を手がかりに、「住み手にとっての堀部建築」を考察してみましょう。

堀部さんの建築は、なるほど「静謐」の語で形容されます。写真に映し出された家々は、たたずまいからして透明な空気に包まれています。けれどもいったんそこで暮らしてみれば、それは静謐ではあっても、「静的」ではないことが分かります。その内部は、極めて「動的」な構造を持っているのです。たとえば、窓。それがどのような技術によるのか素人の私には分かりませんが、堀部さんは窓を、外の景色が一幅の絵画になるかのごとく切り取ります。窓枠の寸法が少し大きくても小さくてもバランスが崩れるような、絶妙な切り取り方です。そして窓という「額縁」に収められた景色は、天気によって暗くも明るくもなり、樹木の葉の色が変わることを通じて、季節の移行を窓の絵として示します。

また居間で南からの外光を遮断する木製の組子引き戸は、室内に取り込む外光を、一日の内でも淡く濃くまた淡くと変転させます【112頁中】。光の濃さにより、時間の経過が感じられるのです。とくに私が「惰眠の間」と呼んでいる部屋【112頁下】は、そうした時間の緩やかな経過が眠りを誘います。

二階から三階へ上る階段に差し込む朝陽は、最初は闇に透明感のある光が射し、次第に白色を強めていって、最後に淡い黄色になります。陽光そのものではなく漆喰に複雑に反射して、色調が変わるのです。

ここまで述べたのは外部の自然を取り込む変化ですが、さらに不思議に感じるのは居住者が移動したときの視覚体験です。玄関を入る、靴を脱ぎ曲がって階段を昇る、板の間に入る、南向きの窓から淡く陽が射している……。身体が移動するにつれ眼前の光景も変わっていくのですが、目に飛び込んでくるそれぞれのシーンが一幅の絵としていずれも美しいのです。それは壁の漆喰や畳、据え付けた建具といったモノだけで構成されるのではありません。同居する居住者も、目に映る情景の一部として溶け込んでいます。

堀部さんの設計になる家は、目に映るシーンの一齣一齣もさることながら、その流れに快感を覚えるのです。私の視線はカメラというよりビデオのようで、映画を見ているかのような錯覚に陥ります。屋外の景色が時刻や季節によって変わり、しかも屋内を移動すると、体感される時間は重なり合い、共鳴します。この家の印象は、そのように極めて動的なのです。

家内は「厳格過ぎる」という言い方をしていましたが、白井晟一の建築からは、住み手との関係で「動く」というより、巌のように「そこにある」という印象を受けます。その点、堀部さんの家は、動く住み手

阿佐ヶ谷の家(松原邸)　堀部安嗣　東京都杉並区　1997年
上／北向きに大きく窓がとられた2階の食堂。
中／居間の南向きの窓。木製の引き戸により外光を調整できる。
下／松原が〈惰眠の間〉と呼ぶ4畳半の和室。

の視線を受け止め、窓枠などで再構成した外部の自然とゆるやかに繋ぐのです。
こうした設計は、どうすれば可能になるのでしょうか。美しいシーンを一つ造ることは、絵心のある建築家ならばさほど困難ではないと思います。しかしそれを無数に連鎖させて階段や壁を構成しようとすれば、つまりパラパラ漫画の原理で動画にみせようとするならば、設計は一気に困難の度を増します。屋内にある無数のシーンのすべてを美しく仕立て、そのつながりも想定しつつ部屋や階段の設計を行うのですから、複雑さは想像を絶します。ここに法や建築技術の制約も加わるならば、困難さはさらに倍加します。堀部さんは、どうやってこの「動画」を創出するのでしょうか。

「世間」と「自然」を繋ぐ建築

興味深いのは、堀部さん自身が、意図的に家を創出するのではないと証言していることです。建築物によって無から何かを生み出すのではない。つまり住み手の視覚に映る「動画」は、先述のように各シーンを並立させることによって創出されているのではないのです。『住宅建築』の特集で、堀部さん自身がこう表現しています。

人を取り巻く世界には二つの世界がある。その世界をあえて言葉に置き換えるなら『世間』と『自然』である。世間は人の感情や営みから成り立つ人間関係の世界。一方自然とは言うまでもなく人の存在以前にすでに在った世界で、世間とは比較にならないほど歴史のある広大で深遠な世界だ。この二つの世界では時間の進み方もその性質も全く異なる。（中略）建築とは本来、世間と自然の二つの世界を行き来して繋ぐものである――。（「建築の居場所」『住宅建築』２００９年12月号）

ここで堀部さんが述べているのは、建築家は建築物を創造する、つまり家を無から創り出すのではないということです。建築にとりかかる前に、すでに自然や世間が存在している。自然は人の登場する以前の「世界」であり、世間もまた人と人の織りなす「世界」です。それぞれの世界には異なる時間の進み方がある。建築は異なる時間を媒介し、それらを「繋ぐ」というのです。

堀部さんは、すでにそこにある自然の景色や光、居住者の佇まいに潜んでいる「魅惑的な秩序」を感受し、浮き彫りにして繋ぐという意識で、家を設計している。彫刻になぞらえれば、材料を組み立てて像を構築するのではなく、大きな彫刻材から木彫像を切り出すような作業ということでしょうか。

無から創り出された建築であれば、そこに「秩序」が見出せるとしても、その秩序はそこに止まるものであり静的であって、時間とともに変化するものではないでしょう。というのも、ひとつの美しい「秩序」を生み出すことはそれだけでも簡単な作業ではなく、そのうえ美しい秩序を「連鎖」させるというのは、気の遠くなるような作業となるからです。

それに対して堀部さんは、みずから時間を生みだそうとするのではない。自然には、ひとつひとつのシーンに季節や一日の時間の経過が織り込まれています。そのようにあらかじめ在る自然と世間からそれぞれの時間の進み方を読み取り、それを浮き彫りにする。それが自分の建築だと言うのです。時間のラインを造り出すのでなく、すでにある時間の流れを建築によって可視化するということでしょう。この作業を堀部さんは、「高次方程式を解く」ようなものだと形容しています（「馬込の家」同）。

ここでいう「高次方程式を解く」とは、方程式を新たに設定し、解くことではありません。施主が提示する混沌とした「世間と自然」のそれぞれが内包する時間の流れを感受し、それらを高次方程式とみなし解に形を与えたのが、堀部さんの建築です。それを堀部さんは、数学者による定理の発見になぞらえています。

「神様の隠しものを見つけ」る作業だ、というのです（「対称（シンメトリー）と非対称（アシンメトリー）を往き来する知性」同対談）。

盆栽のような設計

私としては、こうした堀部さんの設計を盆栽になぞらえてみたい。良い盆栽は、樹木の育つ力を伸ばすことによってしか得られません。それは植物を観察し、その中に良い方向に伸びる秩序を見出す営みです。しかも盆栽師は、植物を世間が「美しい」と認める方向へと導きます。樹を針金で縛って好きに盆栽を創るのではないのです。堀部さんの設計が静謐かつ慎ましやかに見えるのは、創造ではなく発見を旨としているからなのでしょう。

住み手は素材や環境における自然さ（漏れ入る日光や漆喰の古び方）を、時間の経過とともに感じます。堀部さんは、外の自然が季節の移り変わりを示すように窓を切ります。それらの配置が心地よいからこそ、私は「惰眠の間」でまどろむことができるのです。

以上が、私が堀部建築で暮らしてみた実感です。南北をＴ一族の森と旧家に挟まれ、リノベートされた〈阿佐ヶ谷の家〉を私が居心地よく感じるのは、阿佐谷北にあって歴史を刻んできた「世間と自然の時間」が好ましいものだからです。いくら優秀な建築家の手になる設計でも、「無から有を創造する」ような建物であれば、じきに飽きてしまうでしょう。周囲の人の営みやその痕跡としての街並みから断絶した、単純な連立方程式に見えるからです。実際、バブルの時期に多く建てられたような新奇な建築に、私は陳腐な匂いを嗅ぎ取ってしまいます。それはそうした建築物が、歴史を経て培われた秩序を意識せずに作られたからではないでしょうか。

私はもともと個々の建築物よりも、日本の街並みに、いやその劣化に関心がありました。美しい建築物があったとしても、それを電線群が横切れば、名画の額縁にペンキを塗ったように見えます。背景としての空も含む全体の図柄の構成も考慮せず我先に建てられた超高層ビル群や、近代の遺産ともいうべきビルを「袴」のように穿いて接ぎ木された高層ビルは、醜いとしかいいようがありません。蜘蛛の巣のような電線や林立する超高層ビル、近代遺産としてのビルの妙ちくりんな修復を、私は劣化と感じるのです。それらが跳梁跋扈しているのは、日本の都市政策が「世間と自然」に潜在する秩序を見出し育むのではなく、逆に無秩序を拡大するようなものになっているからでしょう。

小泉政権時の「都市再生政策」以来、日本の諸都市は大きく変貌しつつあります。そうした都市政策は、日本経済を成長させることを目的として立案されています。都市再生政策とは、高層ビルが次々に建つよう規制緩和し、建設業や商業テナントに利潤を生み出そうとするものです。「都市が再生する」とは、「秩序」を排してでも「利潤」が得られるよう都市を改造することです。成長政策とは、「世間と自然」に潜在する秩序を破壊し新奇なビルを建てることをもって、一時的に利潤を生み出す策なのです。

奇遇（必然？）ではありますが、家内が「柔らかな詩情を感じる」として堀部さんより先に設計依頼の連絡をとった建築家の内藤廣さんが、こうした都市政策について「世論を煽ってマーケットを捏造し、プロジェクトファイナンスを立ち上げ、資金を集めて売り逃げる」ゲームにすぎないと批判しています（「都市戦略としてのデザイン」『建築のちから』）。

そうした傾向は公共建築である東大の本郷キャンパスにも及んでいて、様式も大きさも色合いもまったく秩序なく研究棟が新築され続けています。私が訪ねたことのあるイタリアのミラノ大学・トリノ工科大学や北京の清華大学の美しさとは、比べるべくもありません。内藤さんも一時期東大で教鞭をとった経験から、「（東大に）通いながら感じていることは、少しバタバタし過ぎてはいまいか、ということだ。それが都市再生でバタバタしている東京の風景に重なって見える」（「本郷キャンパスの現在」同）と述べています。

大学では誰が有名な賞を貰ったとかばかりが注目されますが、私がキャンパスで目を向けるのはたたずまいの美しさです。こんなに無秩序なキャンパスから秩序だった思考が生まれるとは、とても思えないではありませんか。

内藤さんのこの発言は、コロンビア第二の都市、メディジン市で公園図書館を核とする都市再生プロジェクトに携わった体験にもとづいています（「建築の力」同）。荒廃した同市で内藤さんは図書館の設計に携わることになりました。悪戦苦闘して竣工した図書館には若者が次第に集まり始め、自発的に本を読んだり、コンピューターにかじり付くようになりました。「図書館を核として地域が変わりつつある」。この事実は、目撃した設計者をも興奮させるほどのものでした。

内藤さんはこの公園図書館の設計に際し、「オブジェクティブな力ではなく、そこに流れる空気や外部空間」を際立たせるように配慮したと書いています。「世間や自然の秩序を繋ぐ」という堀部さんの主張に通じる表現です。そのとき建築は脇役として目立たなくとも、人々を励まし、集いたくなる場所となるだけの力を持つのです。世間や自然の秩序とは無関係に「革新的」な高さや装飾を競うだけでは訪れる客もじきに飽き、利潤はやがて消滅します。むしろ秩序を見出し街並みや景観として定着させることが、本来の都市計画ではないでしょうか。

内藤さんや私が都市計画に求めるのは、都市に世間や自然の秩序を見出すことです。それこそが、長期的には経済も活性化させます。イタリアなどの諸都市に日本人がなぜ惹かれるのか。外国人は、日本の街並みに見るべきものを持つのか。それを突き詰めず目先の利益を追うような新奇な街は、じきに飽きられます。堀部さんが意図するのも、「世間と自然」の時間的なつながりを甦らせるような建築です。家内が「柔らかな詩情を感じる」とした内藤さんと堀部さんには以上のような共通点があり、それを私も共有しているのだと思うのです。

松原家は、世代のつながりには秩序のかけらもなく、バラバラになってしまいました。そもそも「秩序」という感覚さえ共有されませんでした。身の丈や失敗を直視せず、嘘によって築かれた虚構のイエだったからでしょう。実家の記憶を留めるものは、いまや万年青やサルスベリ、それに数枚の絵画しかありません。それらのカケラから新しい秩序の息吹を聞き取ることを、私は遺産をはたいて堀部さんに託しました。そのイエは、大きく出るならば、変貌してやまない阿佐ヶ谷の土地で、「白秋の洋館」や「トトロの家」の記憶を継ぐものにもなるでしょう。私自身のイエに対する思いと阿佐ヶ谷に対する理解を、堀部さんはどのように引き継いでくれるのか。期待は高まってゆきました。

松原隆一郎

どんな書庫住宅を望むか

阿佐ヶ谷の早稲田通り沿い、南東の角地、28・70平方メートル。建坪率は80パーセント、容積率は300パーセント。この土地で、いよいよ堀部安嗣さんに書庫住宅の建築設計をお願いすることになりました。M銀行で追加的に借金をします。新宿の支店で説明を受け、2・475パーセントの変動金利で20年の不動産担保ローンを希望しました。それだと月に払う額は現在の借家・倉庫の賃貸料と変わりません。この物件に住宅ローンが適用されたなら、金利は1パーセント以下だったところです。ところがそうならなかったのは、私の阿佐ヶ谷の書庫用予定地は狭くて40平方メートル以下であるため、適用外だったからです。残念至極。

書庫に望むこと

この土地に建てられる家に対し、最低限の要望から書き出してみます。今後の人生で、持つ本の数は約一万冊に抑えようと思います。それに資料ファイルとCD、DVDを収める書庫が今度の家の主要用途です。そこに高さ171センチメートル、奥行き71センチメートル、幅73センチメートルの仏壇を組み込みます。ただこの要望は格安中古住宅を購入することを考えていた際のもので、なにしろ無理して新築するのですから、当然、希望は追加したくなります。

新築で家を建てるとなると、中古家屋取得の資金に想定していた（現在の借家や倉庫を借り続けた費用と等額の）

一七五〇万円を超過します。現状の借家を続けて借りると想定したときに生涯で支払う金額を、かなり上回る資金が必要になるのです。相続した遺産の全額に加え、手持ちの貯金を吐き出さねばなりません。この想定外の分を残りの人生で稼がないと、新築はできません。私は、この先9年ほどで定年を迎えてから後も、なんらかの仕事を続けなければならないのです（もっとも堀部さんの新築だと、それなりの資産価値を維持できるとは予想されますが）。

それだけにこの書庫の家は、たんなる本の物置にするわけにはいきません。仕事場も兼ねなければならない。つまり追加の希望は、仕事もできる住居ということになります。こう考えて、「自宅と研究室の本を整理し書庫の家に運び込んで、今後はそこに通い仕事をするんだ」、そのように人生が見えてきました。

実はそうした計画は、現在借りている築50年の一戸建て九畳の家を借りる際にも描いていました。どうせ賃貸料を毎月払うのなら、たんなる本置き場にするのではなく原稿も書ける部屋にしよう、ということです。ところがその部屋は寒かったり居間の周囲四辺を本棚に囲まれ圧迫感があったりで、どうにもPCを持ち込んで仕事したいという気にはなれませんでした。二日に一回、本を整理しに行くだけの部屋となったのです。

一方自宅の方は、自室に最低限の資料として本を横に置かねばならず、結局は家族の居間にも本が溢れることとなりました。なにしろ各社の新書や知人からの献本、書評用に依頼した本が、月に50冊は増えるのです。私は本をボールペンで汚しながら読むため、高価な洋書を除き大学の費用で買うことは稀です。そのため貰う以外にも自分で本を買っており、せっかくの堀部建築なのに、現状では自宅のあちこちに本がうずたかく積まれています。

けれども仕事にかかわる本が多数置かれているというのは、生活の場にふさわしくありません。仕事が終わっても「続いている」感じが消えず、いつまでも何かに追われている強迫観念から逃れられないからです。

これまで自宅にあった本、借家にある本、そして大学においてある本を新築の家の書庫部分に集中させるならば、自宅は「暮らし」のためだけに使えてすっきりします。新築の書庫の家の方は、生活感をなくせば仕事がはかどるでしょう。様々な問題が、書庫によって解決すると思えてきました。

ホテルのような仕事場

私は原稿が進まないとき、出版社から誘われるとホテルで缶詰になります。ホテルには十分な資料が持ち込めないのですから、小説を書くのでもない限り執筆は進まないと思われるかもしれません。けれどもこの習慣が依然として廃れないのは、利点があるからです。なにより生活感がない点が重要です。私の場合、仕事がはかどるのは、「集中力を維持して行けるところまで書き続ける」ことができたときです。仕事に集中していよいよ頭が疲れても、ベッドに倒れ込む以外に選択肢がないなら、起きてもすぐにPCに向かうしかありません。それにはホテルが向いているのです。自宅や大学の研究室だと宅配便や電話で気持ちの集中が中断されますし、新聞を読んだりメールを見たり雑誌に気を取られたりして、仕事を再開するのにもかなりの時間を無駄使いしてしまいます。

というわけで、どうせ仕事をするなら、生活や雑務の雑音を遮断するような空間にしたい。いっそのこと、掃除もホテル同様、自分ではやりたくない。自分でやると、「そのうちやろう」でじきに乱雑になるか、掃除したとしてもそれに気をとられて仕事が進まなくなるでしょう。息子に頼んで小遣いを支給するなら、家庭内で資金が循環します。そんな連想が湧いてきました。

連想はさらに横道にそれ、執筆に必須のコーヒーを淹れるために小さな冷蔵庫で豆を管理しようとか、仕事の机に小さなアクアリウムを置いて淡水フグを飼って和みたいとか、それには浄化装置のための電源が必要になるとか、脹らんでいきます。高円寺に「アール座読書館」という読書カフェがあるのですが、私は水草が庭園のように生い茂っている開放型水槽の卓が好きです。落ち着いて読書できるからです。アール座が再現できればいいな、と思えてきました。

また最上階は部屋を半分、残りは屋外の庭にして、部屋の方はガラス張りにして庭が見えるようにすればどうか。屋上の庭には盆栽状の「根洗い」を多数置き、室内から鑑賞できるようにしたい。こちらはガラス張りで根洗いに囲まれた京都・神宮丸太町のカフェ、「アッサム」のイメージです。妄想は広がります。テレビで見たJAXSONの置き型バスタブには、なんと引き出しに収納できるのもあるらしい。直径一メートルくらいの小さなものならかさばらず、湯船で草花を観賞できるとうれしい。

樹形図のような書庫

それらは遊びですが、重要なのは、書庫の方です。ネットや古書通販が発達した現在、本は持たなくても構わない、図書館を活用すれば十分だという人もいるかもしれません。

けれども私は、背表紙を見ることで資料を選びます。あるテーマで文章を書くとき、それに関連しそうな何冊かの本を連想ゲーム的に集め、ネットで資料を検索して補充します。三〇枚の原稿なら、本を一〇冊選び、ネットで論文や資料を検索して追加すれば、仕事の半分は終わったも同然です。それには「自分の書棚を眺めて考える」ことが欠かせません。図書館とは違い、自分の書棚だとあらかじめ連想に関係なさそうな本は排除されているからです。これだと効率的に連想できます。

書き終えてから「あの本があった」と悔やむことがあるのですが、そうならないためには連想に沿ってしばしば本を配置し直す必要があります。「経済」「政治」「哲学」といった一般的な分類よりも、「流通」「景観」「公共建築」「都市再生」のような具体的なテーマに沿って並べ替えるのです。書棚は、それがやりやす

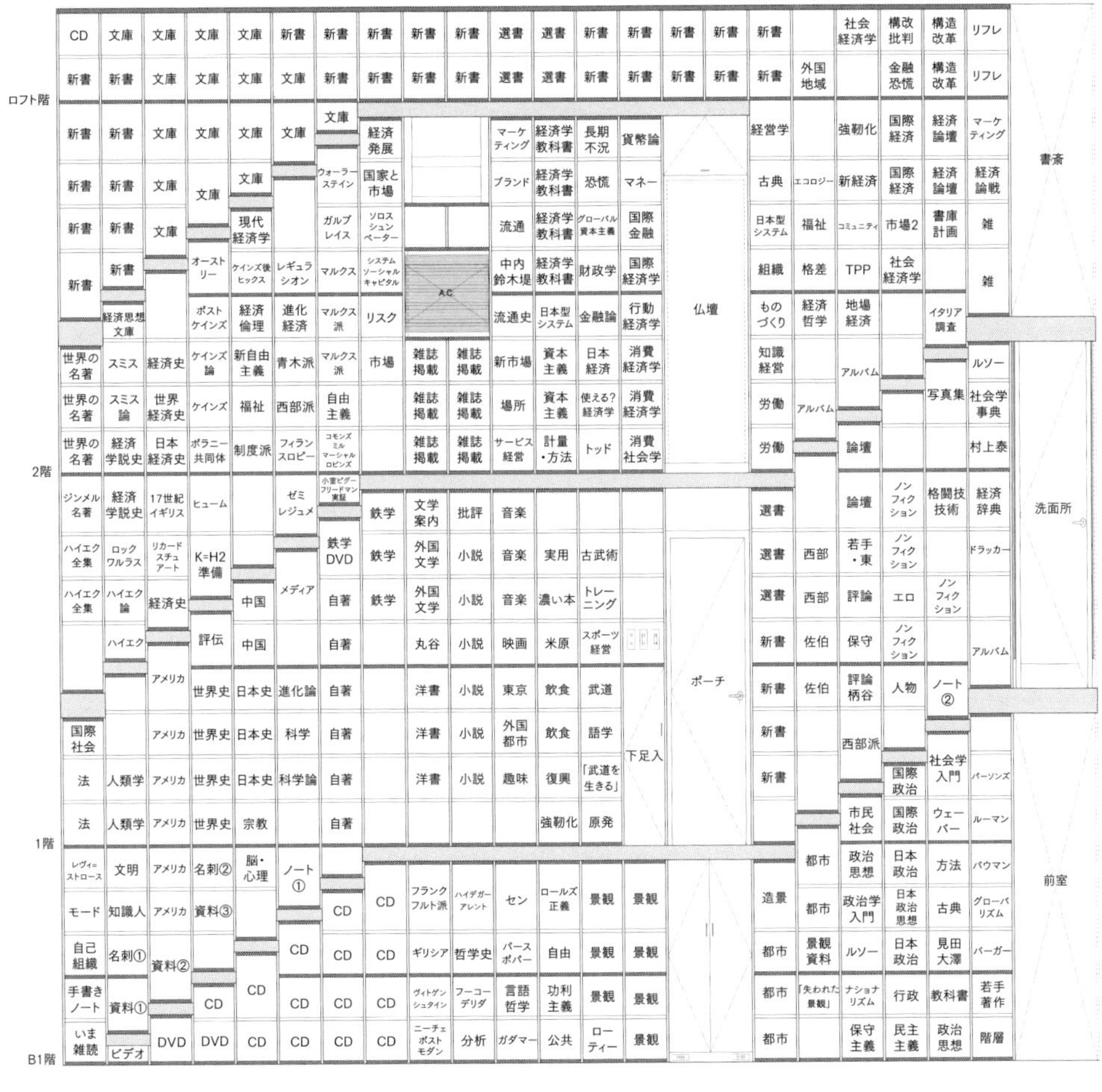

完成した書庫の本の配置。上部は文庫や新書などが並び、その下は松原がその時々で独自の分類をもとに配置替えをする。これは居住して1年ほどの時点でのレイアウト。

いものであって欲しい。

そもそも私の頭は、ウィンドウズの「Explorer」のように樹状に情報が分類されています。テーマごとに枝分かれし、枝どうしは絡み合っています。書棚も樹形図が反映されるように整理したい。

レイアウトにも効率性を求めたい。借家の書庫も一度に見渡しやすいよう居間の四辺を本棚で埋めていたのですが、棚の上から天井までの空間が無駄になっています。書庫専用に出来ていないのだから仕方ありませんが、書庫には天井まで本棚が届いていることを希望したい。また部屋がいくつかあると、隣の書棚とは連続性が途切れます。できる限り連続させるには、どうすればよいのか。

過去に集めた資料はこれまで袋や箱に入れて積んできましたが、結局は死蔵することになっていました。知識は「持つ」だけでは駄目で「使う」ことができなければ意味がありません。死蔵して持っているだけの資料も、A4大のボックスに入れ棚の見える位置に置けば、生き返ります。資料入れのボックスは通常は本よりも大きく、写真集や図鑑・事典と同じサイズです。それに対し本は多くが高さ25センチメートルほど。小さいのは新書と文庫、CDとDVD。棚の高さにはそれらに合う多様性が必要になります。こうした課題を、堀部さんはどう解決してくれるのでしょうか。

建築の初期プラン

話をひと月ほど前、土地購入以前に戻します。2011年6月14日。堀部さん、堀部安嗣建築設計事務所の担当・塚越さんとともに阿佐谷北の土地に行き、借家の蔵書状態も見ていただいて、喫茶店で打合せをしました。以上のような私の希望は、ここで堀部さんに伝えました。私がランダムに連想した「希望」は、最終的な要請ではありません。雑多なままで私という「世間」の欲望を投げかけてみたのです。堀部さんがそこからどのような「秩序」を見出すのか、楽しみでした。

二週間ほど経過し、まだ土地購入は完了していませんでしたが、堀部さんが「とりあえずのプラン」を考えてみたということなので、7月1日に事務所を訪ねました。

そのときに説明された構想では、半地下、一階、一階半、二階、二階半、三階の壁面に書棚があり、床がエッシャーのだまし絵のようなスロープになっていて、蛇腹を引き上げた形で各階を繋いでいます【130〜131頁】。なるほどこれなら壁面は最大限に使えるし、部屋の中央部もスロープと吹き抜け、仕事場やトイレとなり、無駄になりません。最上階は外部に出られるようになっているので、外部の屋上に草を植えることは可能です。万年青の鉢はここに置けるでしょう。極小の風呂も設置できるかもしれません。素人の私が想像していた集密書庫案だと、地下階に重い集密書棚を置き、二階以上を仕事場にすることになっていました。もとより集密書庫だと堀部さんはデザインの腕の見せ所がなく、こちらの案だと蔵書数が格段には落ちません。プロは面白いことを思いつくものだなぁ、と感心しました。

けれどもこの案は、堀部さんにとってはまだとっかかりでしかないのでしょう。むしろ私に喋ってみることで、さらなるアイデアが湧くよう自分を鼓舞している様子です。お茶をすすりながら、堀部さんはこう言いました。

「コストをそぎ落として、カネをかけずにどこまで美しい空間ができるか、突き詰めてみましょう。おカネをかけたら良い物ができても当たり前ですからね」

この言葉は、ずいぶん頼もしく私の心に残りました。けれども私の希望の大多数をクリアするこの構想を上回るようなアイデアが、果たして湧くものなのか。私には想像がつきませんでした。

そして7月末に土地の売り主さんへの入金をすませ、いよいよ書庫建設プロジェクトは後戻りできなくなりました。私の頭の中にあった曖昧な願望が、現実に反映される段階となったのです。

堀部安嗣

初期プラン

土地を購入するための保険として、法律や予算等の条件を解決するプランを考えはじめました。

設計の初めから実現した最終プランに至るまで、変わらなかった視点、考え方は、本棚が集密の閉架書庫ではなく開架書庫である点です。開架の本を一望できる、すべての本に囲まれて、包まれている、というありかたです。そのためには一つのフロアごとに完結しているのではなく吹き抜けを介して上下階の気配や視線が抜けてゆく構成が適しています。松原さんの最初の要望は集密の閉架書庫でとにかく収蔵量を増やす、ということでしたが、私の中では初めから閉架書庫はあり得ませんでした。今まで感動した図書館のイメージがずっとつきまとっていたからです。ストックホルムの市立図書館【左頁上】、パリの国立図書館、ロンドンの大英博物館の図書館、ボストン郊外のエクセター図書館【左頁下】、（書店ですが）ポルトのレロ・イ・イルマオン書店などスケールは今回の計画とはまったく異なりますが圧巻の開架の本棚を見ていると、人間の英知と研鑽の素晴らしさ、美しさを体全体で感じることができます。また開架にして、すべての本の背表紙が一覧できることで、直感的にどこに何があるかがわかり、こちらの本棚と、あちらの本棚にある本と本が勝手に関係し合ったり、共鳴したり、反応を起こしたりするのです。

一方で、そのころの私には以下のような先入観がありました。まず土地がとにかく狭いので基本的に各階をワンルームにしなければ成り立たないこと、そして室内の有効面積を無駄なく最大限広げるために壁はなるべく薄くしなければならないこと、さらにこの敷地の中だけでは息苦しいので、どこか周辺環境をも取り込んだ外と内が一体化して感じられるような場所が不可欠なこと。そのようなことにずっととらわれていま

堀部が書庫の設計にあたり、イメージソースとした開架書棚の図書館建築。
上／ストックホルム市立図書館
エリック・グンナール・アスプルンド
スウェーデン　ストックホルム　1928年
右／エクセター図書館　ルイス・カーン
アメリカ　ニューハンプシャー州　1972年

した。

さてともかく、それらの思いや先入観、さらには法律とにらめっこしながら素直にプランを考えてみました。そうしたら意外にあっさりと一つのプランが解けてしまったのです。とりあえず、この土地の条件で一つのプランが成立する保証としては上出来のプランであるとは思いました【130〜131頁】。

早速松原さんに簡単な模型とともにプランを見せ、このように要望を満たした一つのプランが成立するので土地を購入しても大丈夫です、と話をしました。そのとき松原さんは、プランの問題点や要望を簡単にお話しされるだけで、手応えはあまり感じていない様子でした。私の表情にも「これが考えに考え抜いた自信作です」との気迫が欠けていたからかもしれません。けれども収穫はありました。松原さんから、開架書庫でもこういうかたちならいいのではないかとの感想をいただき、また各フロアに区切られるのではなく、吹き抜けを介して半階ごとにズレて繋がってゆくスキッププランを面白いと感じていただいた事です。実現した最終プランと比較すると、実はこの初期プランの方が松原さんの最初の要望を反映しているものだったのです。例えば浴槽があったり、小さいながらも屋上テラスがあったり、玄関前には木を植える場所があったり、書斎には大きな窓があったり……。最終プランでは知らず知らずのうちに却下してしまった要素も含まれていました。

さて、ここまで計画が進んだところでもう一度冷静に今回のプロジェクトを考えてみました。最初は中古住宅を買って、それを改築して集密書棚としての用途に変更するといった、〝Architecture〟というよりは簡単な〝収納建物〟をつくる、といった認識でした。けれどもその後、新築が視野に入り、また今回の土地においてはRC造で、まとまったお金をかけて、しっかりした建築的な価値のあるものをつくることになっていきました。いいかえればそのようなことができる環境が整ってきたのです。土地が見つかったあとはトントン拍子で、即物的にことを進めてきてなかなか気付かなかったのですが、このプロジェクトの変化は自分にとって願ってもないチャンスであることに気付きはじめたのです。

今回のプロジェクトは松原さんがプレゼントしてくれた図書館の設計なのだと、考えるようになりました。

このチャンスを悔いのない表現に結びつけなくては、恩人である松原さんに申し訳ない。四回目の旧知の間柄という関係に甘えることなく期待に応えなければいけない。自分の作家生命をかけてもこのプロジェクトに向かわなければと、気持ちを新たに引き締めました。

［初期プラン］

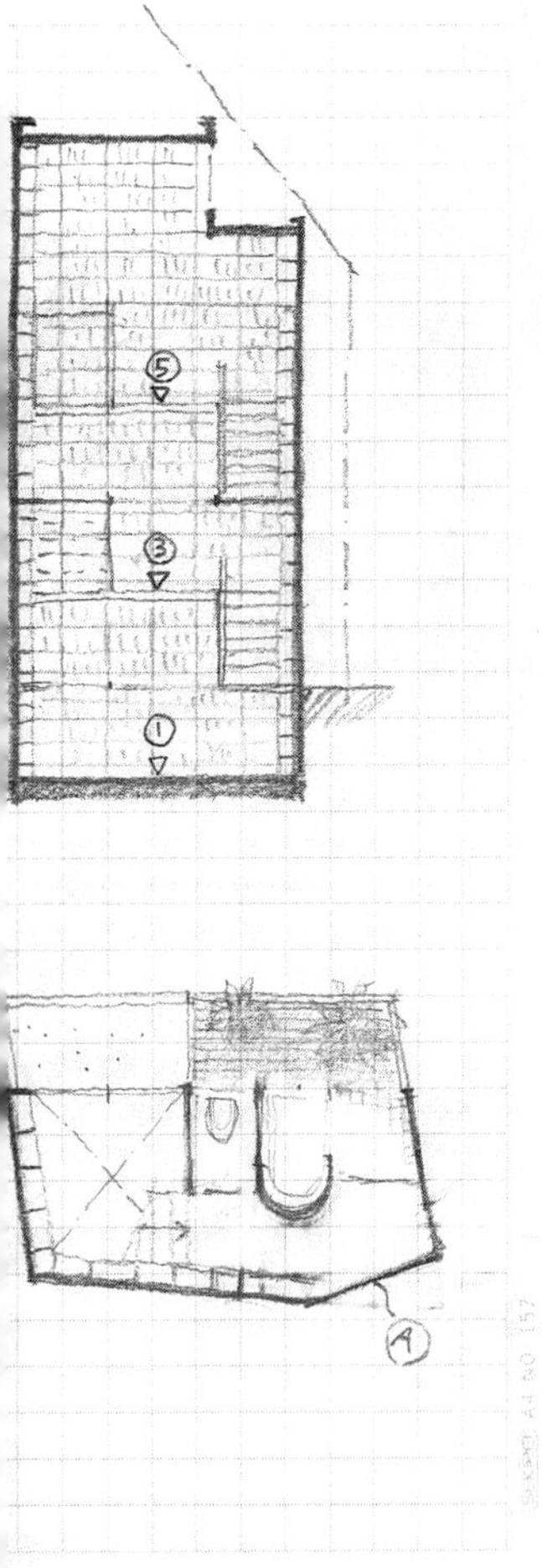

吹き抜けワンルームの壁面がすべて書棚で覆われる。2階部分のスケッチ。

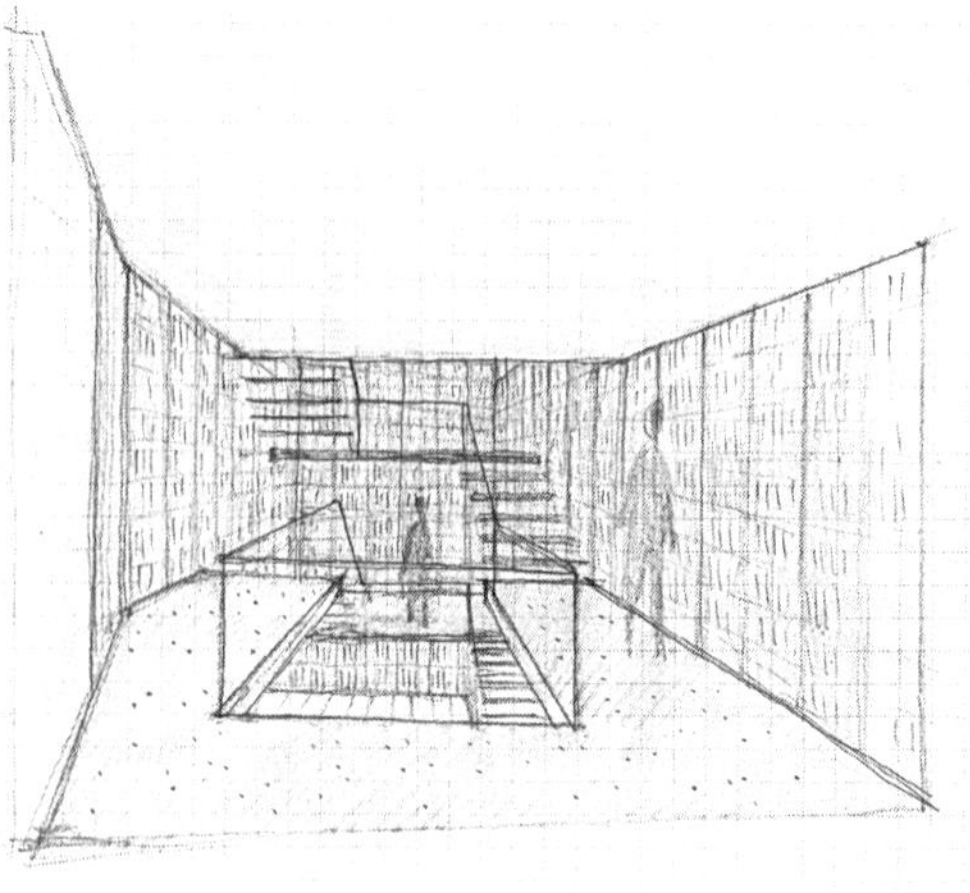

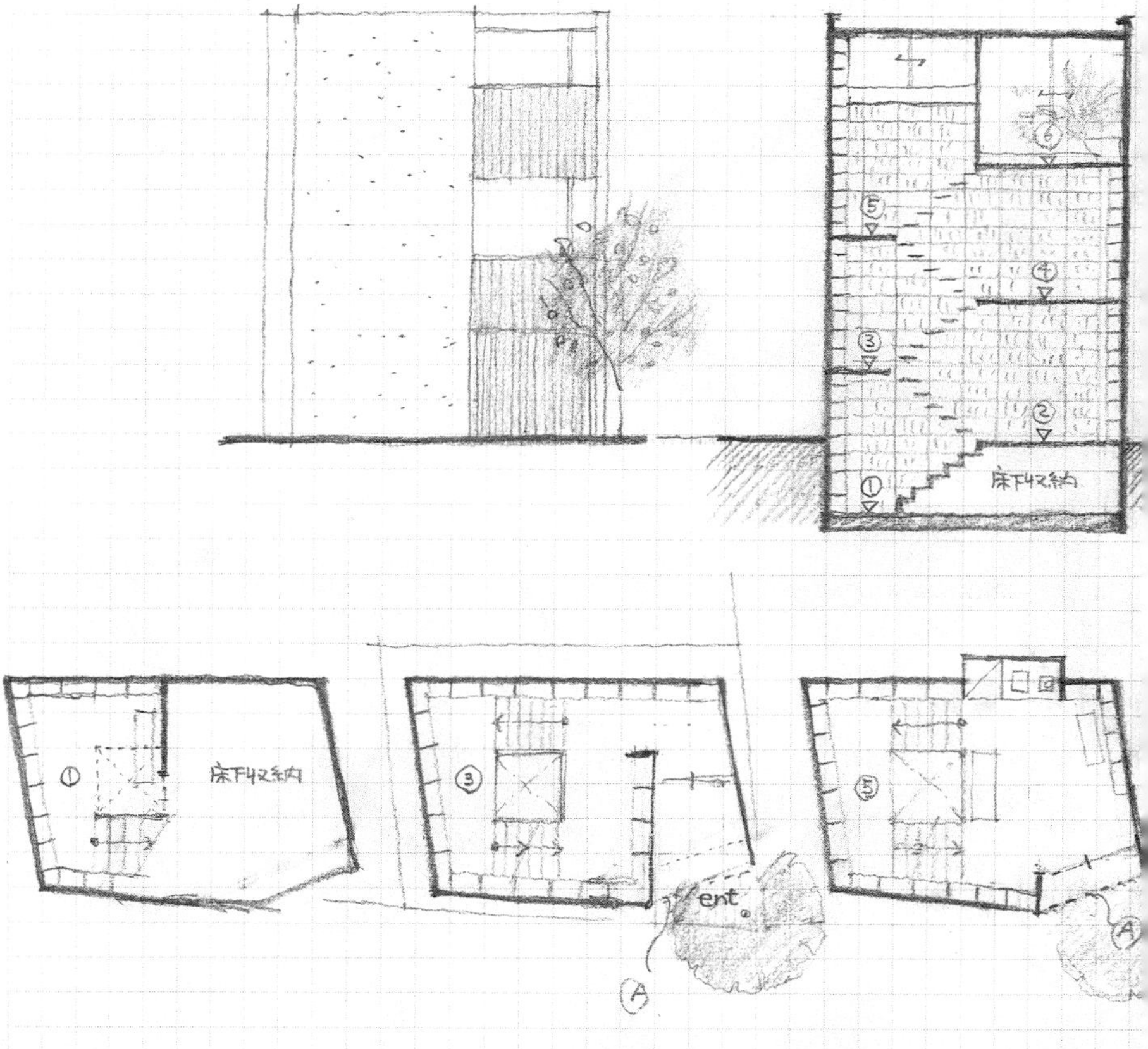

半地下、1階、1階半、2階、2階半のフロアで構成され、屋上には植栽やバスタブも。

堀部安嗣

第二プラン

　しばらく時間をおいて、急ごしらえでつくった初期プランをもう一度見直してみました。すると自分としては納得のいかない点、本意ではない点が次々に顕在化してきました。

　本棚が途中で途切れてグルッと一周廻っていないので本に囲まれているという感覚が乏しい。ワンルームゆえ書斎が書庫の中にあるので、どうも書斎が落ち着かない。ミニキッチンのような雑多なものも書庫の中に、本棚を分断してつくられているので、機能が喧嘩して馴染んでいない。技術的には問題はないけれども水廻りの下に水を嫌う大切な本があるのが気になる。建物の外観が恣意的でこねくり回したようになっている。陸屋根も好みではない。窓のあり方がどうも見えてこない。また折角RC造にする意味もあまり感じられない。そして最大の問題点は仏壇がなかなか収まりきれずに後付けにされてしまっている点です。今回の計画の目的は本と仏壇を収めることにあります。〝建物〟ではなく〝Architecture〟として魅力あるものを成立させるためには、この希有なプログラムに対して行き当たりばったりの解決ではなく、しっかりと自分の思想を反映させた解決をしなければなりません。

　やはり急ごしらえでとりあえずつくったものというのは時間が経つと納得の行かない部分が必ずでてくるのです。それは性能を満たしただけの建物に近いからでしょう。法律や松原さんの要望から即物的に生れたプランには生命感と根本的な魅力が欠けているのです。設計者が自分で心の底からいいと思うもの、血肉化しているものを何度も心のフィルターを通して検証してかたちに落ち着かせてゆかなければ生命感のある、血の通っている空間は生まれないのです。この極めて個人的な孤独な葛藤のあとにしか、建築に生命感は開かれません。

松原さんの細かな要望にも執着しすぎず、先入観も取り払って〝自分がいい〟と思える事に素直に向き合い追求することを優先する時間をしばらく設けることとしました。

この時間は自分にとって、とても重要な時間です。施主の要望をしっかりと聞き、咀嚼した後、その要望をいったん忘れるのです。言い換えれば施主の要望を〝言葉〟としてとらえることをやめて、自分の身体を通過させて、もっと抽象的で身体的な〝感覚〟としてとらえるトレーニングを開始するのです。言葉では言い表せない、言葉では誤解を生んでしまう本質的で大事なことがその言葉の奥に潜んでいます。潜んでいる場所はお互いの〝身体〟であり、〝記憶〟です。その途方もない海のような場所に設計のステージを移してゆきます。

初期プランからいったん離れて、もう一度設計を開始した時にこだわっていたことがあります。それは書庫を円形、もしくは楕円形にすることです。それは前述したストックホルムの図書館やパリの図書館のあの素晴らしさ、あの魅力を取り入れたいとの気持ちもありますし、なにより四角形では決して得られない〝本に包み込まれた感覚〟と〝本と一体になる感覚〟が円形にはあるのです。そしてその円が途切れなく、ぐるりと完結していることが条件です。

まず単純に敷地に円形、楕円形の建物を配置してみました。しかしどうも敷地の形状が円形の建物を拒み、しっくりと収まらないのです。また仏壇の収納や、書斎と書庫との関係、細かいところでは玄関の庇、キッチンやシャワールームも円形の輪郭の中には収まりきりません。窓の配置もまったく見えてきません。円形と四角形を組み合わせたような輪郭をもつプランも試みましたが、これも単に稚拙なプランになるだけで要求を満たしません。またこの土地における円形の輪郭の最大の問題点は建物が北側斜線で削られると、無粋な格好になることです。松原さんが望む、町並みに配慮した、さりげない佇まいは望むべくもありません。

つまり円形の輪郭は初期プランの問題点を何一つ解決せず、新たな問題を生むことがわかってきたのです。

さて、そのように初期プランをリセットして取り組んだ意気込みはよかったものの、自分への期待が大き過ぎたのか、その後はまったくアイディアが生まれなくなってしまいました。考えれば考えるほどわざとらしいデザインに堕ちてゆきます。今振り返ると、今回のプロジェクトの中で最も辛い、困難な時期だったと思います。

そして思いつきの域を出ない無粋で稚拙なプラン群を眺めた後にリセットしたはずの初期プランを見ると、なかなかどうして、その素直な透明感がなんとも魅力的に美しく見えるのです。やはり自分の主観を排した、即物的なものに美しさがあるのだから、これでいいのでは？　やはり最初にひらめいたものがすべてで、またここに戻ればいいのでは？　そしてこの土地、条件でこのプランだったら十分及第点なのでは？と、初期プランを納得させる、納得させたい方向に心情が傾いていったのです。やはりこの土地、この条件からはこの回答しかないのだ、今回はあまりにも条件が厳しかったのだからしかたないのだと様々な言い訳を用意しはじめました。

そして初期プランをちょっと改良したものをつくり、また無粋なプラン群のなかでも比較的まともなものを選んで、その二つのプランを松原さんにご覧いただき、選んでいただくようにと、安易なことを視野に入れはじめていました。

松原隆一郎

仰天の最終プラン

意外な最終プラン

土地代の入金を終えてから、ふた月が経過した2011年10月3日、堀部さんからメールが届きました。

お待たせしております。あれから後悔のないように様々なプランの可能性を探っていきました。前回ご覧いただいたプランに近いものと、ちょっと別のアプローチでつくったプランと現在二種類あって、おそらくその二案をご覧いただけるようにこれからプレゼンの作業に入りたいと思っています。

とあります。二つの案のうちどちらか決めかねているという宙ぶらりんの心境なのかな、と軽く受け取りました。

堀部さんはそれから仕事で渡米され、実際に話を伺ったのは帰国して、さらにひと月たってからでした。打合せ日程を決めようと11月1日にメールを下さったのですが、今回は文面のトーンがまったく異なっていました。

松原さん

こんにちは。お待たせしております。

プランですが、自分としてとても納得のゆく、凄いものができました。

久しぶりに寝食忘れて興奮してスタディーをしました。

今までお話ししてきたプランとはまったく違う、かなり刺激的なものですがとにもかくにもぜひそれをご覧いただきたいと思っています。

今までと言ってきてることが違うじゃないか！とお叱りを受けるプランかもしれませんが、それにビビらずに、この興奮をお話ししたいです。

堀部安嗣

そして11月末。家内の経営するカフェ〈ひねもすのたり〉で、いよいよ最終プランと対面することになりました。堀部さんはとるものもとりあえずという勢いで模型を取り出し、説明を始めました。構想は、とくに書庫の部分で大幅に変わっていました。

前のプランでは、土地の形状である歪んだ台形の各辺に垂直に立てた平面が内壁にもなっていました。内側も台形で、歪んだ四辺形の三つのフロアを階段が四角い螺旋状につないでいました。今回のプランは外壁は土地の形状のまま、外観の立体も以前のプランのままですが、大きく異なるのが書庫部分。なんとコンクリートの立体を丸い円柱でくりぬいているのです。

しかも室内上空はドーム形。天井はモスクのようです。その頂点に穴があり、この穴で採光すれば「十分に明るい」と力説します。

あと二つ、小型の円柱がくりぬかれています。それが各階で部屋になっており、地下一階はベッド。一階はシャワーと着替え場、洗濯機。二階に仕事場と小さなキッチンを配するという三階建てです。書庫の地下一階部分に降りると中央が踊り場のようになっており、テーブルと椅子を置けば接客や取材、打合せに使えるとのこと。

書庫部分の円柱は地下一階から二階の上の天井までとなっていて、周囲に一万冊の本と仏壇を収蔵します。半地下からモスク部分までの円柱形の内壁すべてに本棚を収め、螺旋階段でぐるぐる回って本を手に取るという様式です。書棚は円周が9メートル、高さが6・5メートル、面積でいえば58・5平方メートルです。

漆喰や木造の「静謐な家」が特徴と一般に見られている堀部さんですが、このプランもまた彼らしい、と私なりには納得できました。というのも自宅にかんして感想を述べたように、住み手にとって堀部建築の本質は、移動するにしたがってダイナミックに展開する「見え方」にあります。地下一階から二階の上まで螺旋階段を昇るにつれ、眼前に展開する光景は、ジェットコースターを思わせるようにダイナミックなものになるはずです。

それに、私が施す本の「分類」が加わります。どの位置にどのジャンルの本を集めるかで、場所ごとの気配が異なるでしょう。小説のコーナーは情緒、経済学のコーナーは効率性、政治学は権力を印象づけるでしょう。「情緒」「効率」「権力」を体感しつつ狭い螺旋階段を昇り、モスク状のドームに至るのです。

しかし一方で、借金してまで求めた私の淡い夢はすべて消し飛ぶプランだとも感じました。屋上には出られません。小さな湯船につかり窓越しに夜空や野草の根洗いを眺めるという要望は却下されています。サルスベリのウロや万年青は、螺旋階段に置くことになるのでしょうか。

仕事場は書庫と切り離されていますから、本が目にとまって気にかかるということはなさそうです。この書庫で仏壇の扉を開け蠟燭に火を点せば、神妙な気持ちになるでしょう。

私の祖父は破天荒な起業家だったけれども、顕彰する碑が一つでも建っているわけではありません。その代わりにドームから降る白い外光が形づくる円筒が、祖父の仏壇の終の棲家になるというのです。せっかく希代の建築家・堀部安嗣に注文できたのですから、設計で好き放題に「やんちゃ」をやらかしてもらえれば、人の下に立つことを嫌った祖父は喜ぶのではないでしょうか。「松原頼介・ミーツ・堀部安嗣」なのだな、と私は解することにしました。私一人のリゾートではないのです。

ディズニーランドのような空間

このプランを聞いて、連想したことがあります。私の生家、それも塀を石造りに替えたり二階を乗せたりする前の魚崎の家に似た家として、東京は練馬の江古田駅近く、日大芸術学部向かいの〈佐々木邸〉があります。私の同僚でアメリカ文化研究者の能登路雅子教授の生家であり、同潤会が分譲したものとしては珍しく土地付きの一戸建て住宅です。女中部屋や洋風応接間、それに縁側があり、台所に地下物置があるのも似ています。昭和初期の家は、おおよそこうした意匠を持っていたのでしょう。

不思議なのは、佐々木邸がいまなお昭和初期の様式を維持していることです。なにしろ、テレビを置く場所もないのです。私は授業の一環として学生を伴い三回見学させていただきましたが、その際に能登路先生が面白い話をして下さいました。

佐々木家も高度成長期にはテレビが入り浴槽もモダンになるなど、世間並みの変化を重ねました。この家を受け継いだ能登路先生はディズニーランドの研究家で、ディズニーランドといえば現実世界とは別にディズニーが構築した、古きアメリカの姿を維持するためのいわば架空の場所です。それにヒントを得た能登路先生は、ご自分の生家をディズニーランドのごとく世間とは隔絶した架空の空間として昭和初期に戻そうと試みていると仰るのです。

毎年、少しずつ工事が進んでいます。浴槽は五右衛門風呂に、トイレも落としへと戻す計画です。この話になぞらえれば、私にとっても今回の書庫は、祖父に始まる「松原家」のリアルな来歴に想いを馳せるためのディズニーランドとなるのでしょう。

居住性についての希望

私は、最終プランに合意することにしました。とはいえ居住性については、さらに細かい希望事項がありますます。いよいよ着工となる2012年6月までの半年間は堀部事務所の方でも詳細を詰める過程にあたり、私は担当の塚越さんと逐一メールでやりとりしました。

たとえば、こんな具合です。

・深夜にも仕事をしますので、すみずみまで本の背表紙が見えなければなりません。本棚を照らす照明も設置して下さい。
・地下一階、一階、二階をそれぞれ床暖房にしてほしい。コンクリートなので、相当に寒くなると思います。寒いと行く気がしなくなります。
・さらに予備として、暖房用にガスも引いておいて下さい。
・洗濯機を置けるようにして下さい。住むかもしれないので。
・窓そのものがかなり小さくなりました。仕事場の窓だけは大きく深くとり、そこにグリーンを置くようにできないでしょうか。

これらはおおむね受け入れてもらえました。ただ、実施設計を進めたところサッシのサイズに限界があり、窓はあまり大きくはとれないことが判明、鉢植えはせいぜい二つ置けるだけになりました。外部に張り出すことも考えてもらいましたが、道路境界までの距離がとれないため水やり等の手入れが難しく、鉢が道路に落ちると危険ということもあって、植木鉢を窓の外に置くことは断念しました。

こうした幾度ものやりとりを経て、細部まで詰めることができました。この本棚は地震でも絶対に倒れないし、火災にも強いから大震災が来たなら自宅からこちらに避難すればよい。水害に遭ったとしても水は99パーセント浸透しないと堀部さんは胸を張ります。

費用に占める割合はコンクリートが大半で、それ以外で大きいのは鉄骨階段になるそうです。外壁と本棚は、ともに小豆色にします。もちろん、それが「阿佐ヶ谷色」だからです。入り口の郵便受けは、家内の勧めで「鉄の作家」小沢敦志さんにお願いすることにしました。

こうしていよいよ着工を迎える段になりました。

まずは地鎮祭と建築契約。2012年5月11日金曜日のことでした。

堀部安嗣

最終プラン

独立して最初の仕事に取り組んだときから二つのプロジェクトを並行させていました。〈南の家〉【106頁】と〈ある町医者の記念館〉【207頁】です。この二つの建物は構造や、性質、雰囲気も違っています。その後の仕事でも一つのプロジェクトだけが動いているということはほとんどありませんでした。二つ以上のプロジェクトを並行しながら、あるいは一つを中断して寝かせながら、もう一つのプロジェクトを具体的に考える癖がつきました。それが自分の設計の体質とうまく合ったのです。一つに行き詰まると、もう一つを考えます。その後また戻ると、簡単に問題が解決していることも少なくありません。どうも一つのプロジェクトだけに集中していると、停滞して風通しが得られなくなっていったのだと思います。

今回の書庫の設計は納骨堂の設計と時期がほぼ重なっていました。こちらは高知の竹林寺という歴史ある寺の、自然豊かな広い境内の中にゆったりと計画していります【142頁】。法律の厳しい制約もなく、設計にもかなりの自由度がありました。つまり書庫と納骨堂に重なる要素というのはほとんどなかったといっても過言ではありません。今、振り返るとこの二つのプロジェクトの条件が〝正反対〟であったことが自分には良かったのだと思います。そして何度も高知に足を運んでいた時期だったので、書庫のプロジェクトが自分の頭の中で断続的に動いていたのも良かったのかもしれません。書庫のアイディアに行き詰まった後、しばらく納骨堂の計画が忙しくなり、書庫の具体的な設計を一時休止せざるを得ませんでした。その間、知らず知らずのうちに書庫に対する視点、考えを冷静に客観的に整理することができていたのだと思います。

きっかけはひょんなことからはじまります。納骨堂の設計や現場にやや疲れていた私は、朝事務所に来て

竹林寺納骨堂　堀部安嗣　高知県高知市　2013年

音楽を聴いていました。その時、しばらく机の片隅にほったらかしにしてあった、ある小さな模型が目に留まりました。

その模型は阿佐ヶ谷の書庫の、小さい敷地の中で建てられる最大の容積をかたちにしたモデルです。計画の初期段階でつくったものです。施工が可能なギリギリの平面を立ち上げて、斜線に切られるそのままのかたちです。そういう姿はよく都市部の狭い住宅地に、頭を斜めに切られた羊羹のように並んでいるのが見られます。その尖った姿を見るたびにいつも無粋さを感じていたのですが、どういうわけかこの敷地に建つ模型は、その立体がどこか愛らしく穏やかで自然なものに見えたのです。土地の形が真四角でなく、歪んでいることが大きく影響しているのかもしれません。

即物的と思っていた初期案においても、外観、その輪郭はなかなか決まらずにこねくりまわしていたのですが、この立体モデルは「ああ、なんだ、これでいいのだ」と直感的に思える素直さと必然性がありました。例えると、現代の法律がつくりだした〝地上に顔を出した地形〟といえばいいでしょうか。恣意のない純度100パーセントの物体です。そしてこの地上に顔を出した地形は土であり、石であるわけだから、それをくり抜いて洞窟のように人の居場所をつくればいいのだ、と発想が転換されたのです。まさに最終案の原型が生まれてきた瞬間だったのだと思います。

外形は即物的に四角で、けれどもその塊を円筒形にくり抜けば理想とする円形の空間が出来上がるのです。なにも外形と中の形が一致していなくてもいいのです。またコンクリートを現代の石、あるいは土だと解釈すれば、このあり方はまさにRC造ならでは、ということになります。RC造である必然性が得られるのです。

そのころ頭の中を占めていた納骨堂の計画にはない要素、つまり法律の制限や、狭小の敷地のスケールなどが、かえって新鮮に、そして真実味のあるものとして目に映る状況になっていたことがこのアイディアを生むきっかけになったのだと思います。

また納骨堂は、105ミリメートル角の杉の角材をずらっと敷き並べてつくられています。ひとつひとつ組み立てる行為がそのまま蓄積されて形に表現されてゆきます。つまり〝ポジ〟でつくる建築ですが、それを考えている最中だったからこそ、石をくり抜いてゆくような〝ネガ〟の建築への憧れと魅力をどこかに感じ発想できたのかもしれません。

このようにこの時期並行して進めていた書庫と納骨堂が、いい相互作用を起こしていたように今は思います。

その後、狭い土地だからワンルームしかあり得ないとの先入観を疑い、あたかもアリの巣のようにコンクリートの塊を削っていくつもの部屋を連結させるスケッチを描きはじめました【147頁】。しかし、やはり狭い敷地の中で、このプランは多くの面積的なロスを出してしまいます。いくつかの部屋はあまりにも狭い、使い物にならない物になってしまうのではないかと二次元のスケッチから思えたのです。あるとき事務所の松本美奈子がそのスケッチを見て、「この考え方でプランが解けるのではないでしょうか？」と言いました。松本は本質的なことを直感的に的確に捉えるセンスに長けているので、その意見には信頼感があります。「そうかな、成立するだろうか？」とまだ私は半信半疑でしたが、これに関しては二次元で考えていても前進しないように感じたので、とにかくアリの巣プランを立体的に見てみようと、当時オープンデスクに来ていた須貝日出海君、そして大学院の教え子の奥山公平君に早速模型づくりをお願いしました。須貝君、奥山君は案ずるより産むが易しと、私の知りたいこと、確認したいことをよく理解してスタディーするに過不足ない理知的な模型をフットワークよくつくってくれます。その模型がだんだん立ち上がってゆき、くり抜かれたそれぞれの部屋に、同じ縮尺でできた椅子と人間の模型を入れた瞬間に、「大丈夫だ！　このスケールでいける！　このプランでいける！」との確信を得ました。この時の興奮と手応えは今でもしっかり覚えています。

立体的なスケールがわかり、その手応えが加わってくると計画は一気に加速してゆきます。それからは図面というよりは模型を眺め、改良しながら、どのスペースがどういう部屋になるべきかなどの議論を事務所のスタッフとしました。この、まだ見ぬものを追い求めてスタディーしているときが一番楽しく、充実したときでした。

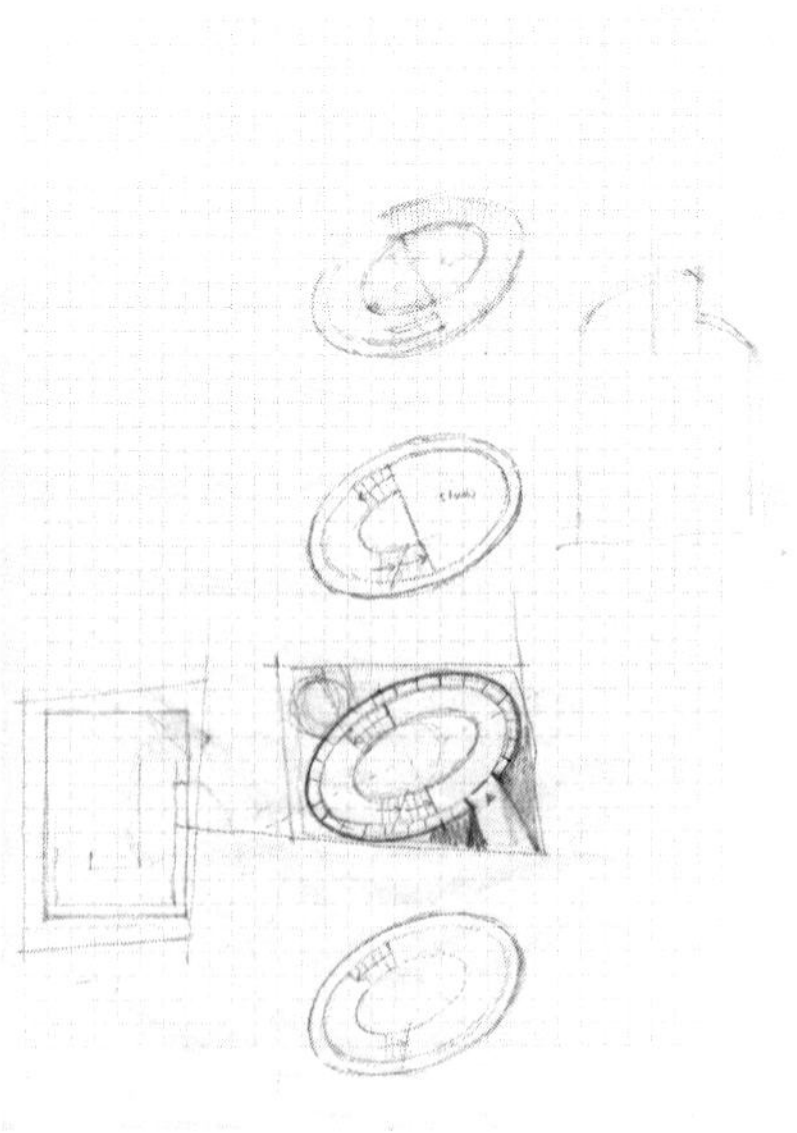

上／初期プランのスケッチだが、うずまきが描かれ、
既に円形へのこだわりが窺える。
下／楕円形のプランも検討したが、北側斜線のかかる
屋根部分の処理に苦労する。

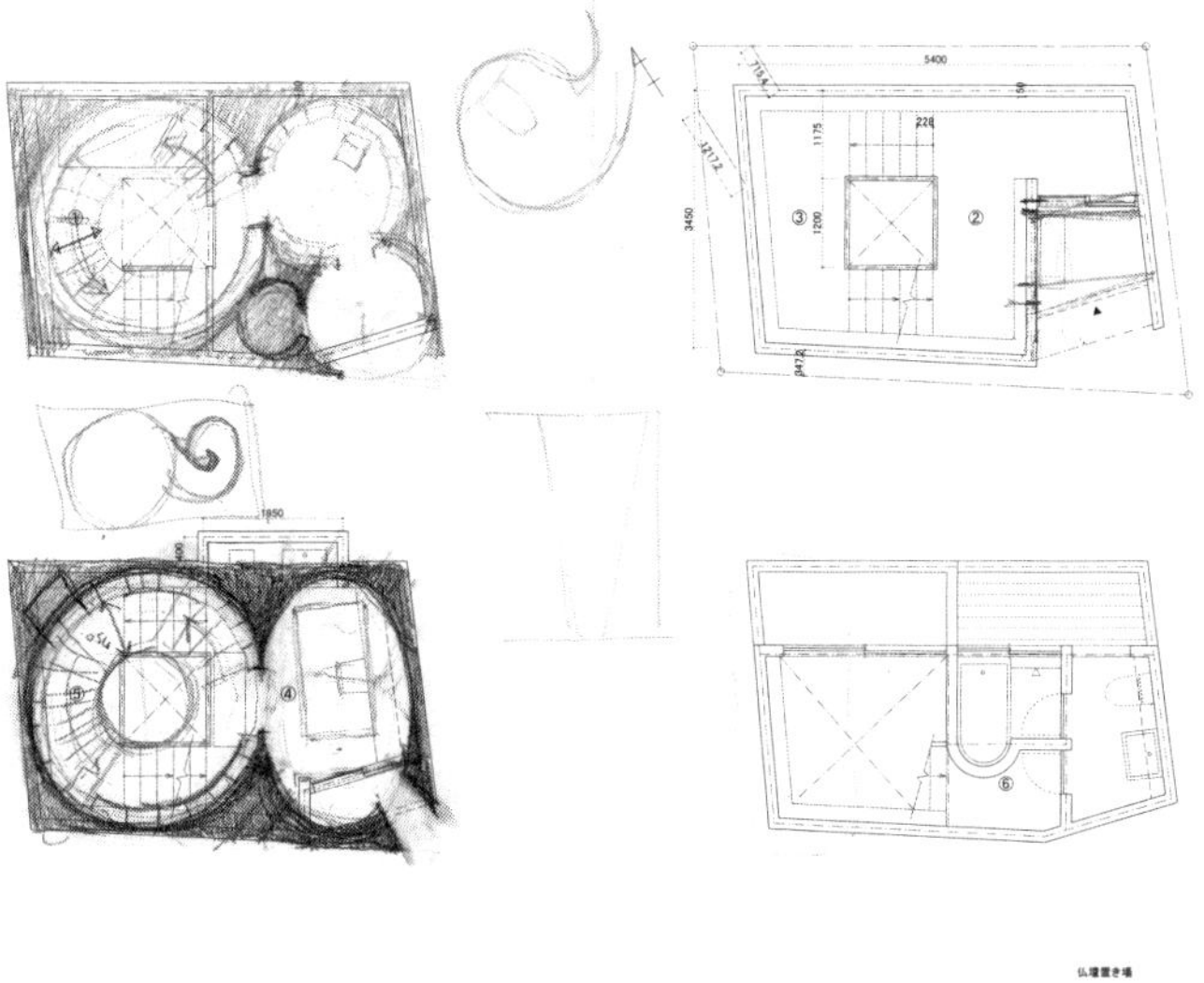

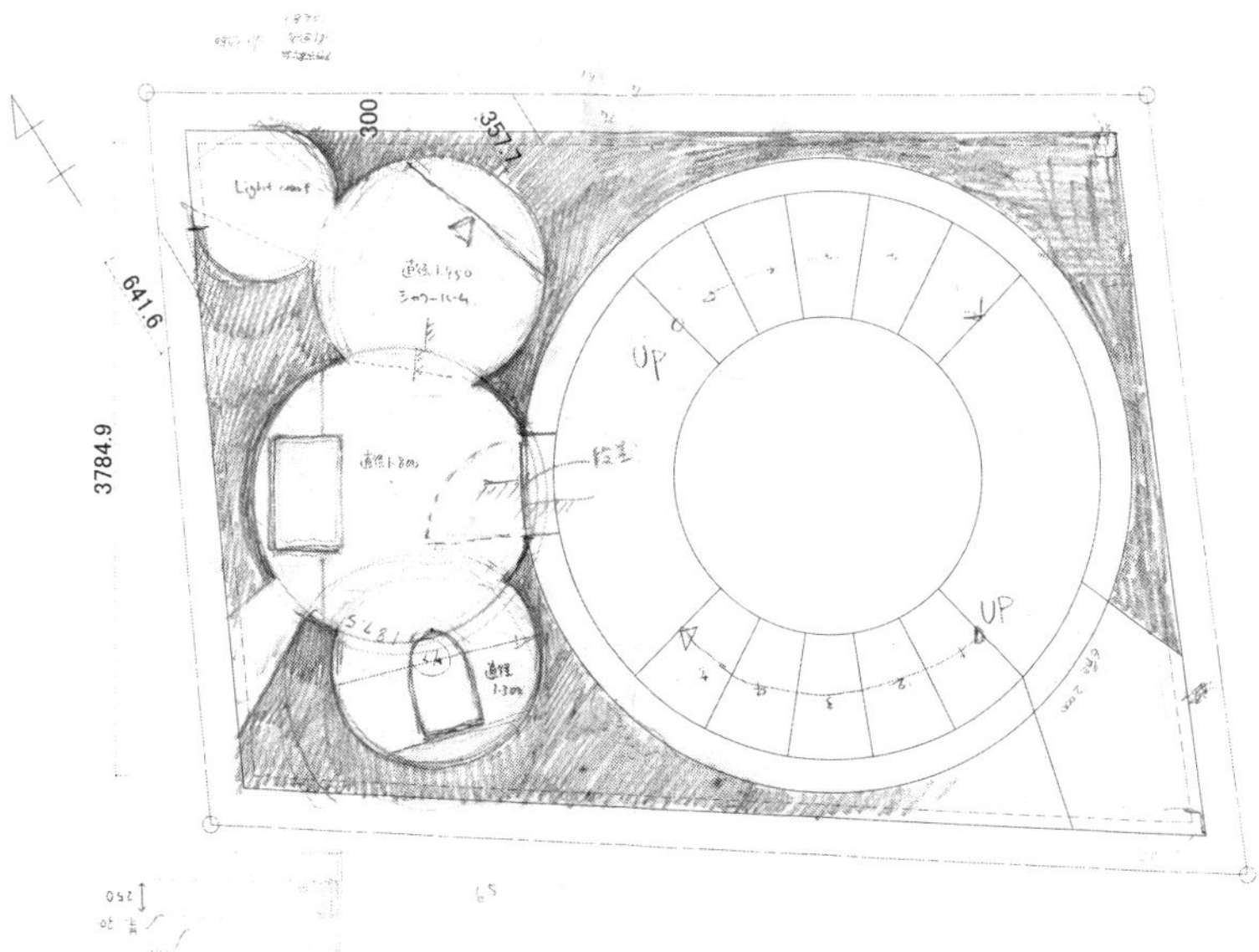

上／法律制限の中で建てられる最大容積の軀体を円と楕円形でくり抜いたプラン。
下／同様の軀体をいくつも連携させた円でくり抜いたプラン。空間スケールに不安が残る。

墓　納骨堂のプラン

堀部安嗣

ずいぶんと町や家の中から〝闇〟や〝死の気配〟といったものが消えた気がする。

つい数十年前まではどこの家にも大きな仏壇があり、葬式も家で行われた。私の祖父の葬式も家で行われた。まだ元気だった頃の祖父との思い出の詰まった家のなかで、もう息をしていない祖父を見るのは不思議な感慨があった。

小さい頃育った祖母の家にも仏壇があり、その前で騒いだり走ったりするとよく叱られたものだ。祖母の家のそばには大きな寺があり、駅に歩いてゆく時には必ずその広大な境内を通って行った。そこには墓や闇に包まれた森があり、子供心に不気味に感じていたお経や仁王像とあいまって〝死の気配〟のようなものが色濃く存在していた。その死の気配とは〝畏敬〟ともつながる感覚である。自分の存在を超えたものと日常的に接することが普通の世界だった。

阿佐ヶ谷書庫の設計と並行して、高知五台山の頂きに拡がる、竹林寺において納骨堂を設計した。

計画にあたり住職から現代の日本における納骨堂の重要性を聞いた。家族の中に後継ぎがなくお墓を継承する人がいなかったり、祖先のお墓が遠くにあり、管理もままならなかったり、お墓のことで将来子供に負担をかけたくない人がいたり。そんな日本が抱える〝墓〟にまつわる問題のなかで、今後の指標となるような納骨堂をつくることができないだろうか、と考えた。

阿佐ヶ谷書庫と納骨堂を同時期に設計しているときには、この二つの計画の〝違い〟を感じていた。敷地の環境、建物の規模、構造、予算、法律等、全く対極にある計画を並行している感覚があった。しかし、こうして二つの建築が完成し、冷静に考えてみると、潜在的には同じテーマを追求してきていたのだ、ということに気づいた。

その共通点をより鮮明に感じさせてくれたのが、作家の田中真知さんの言葉である。建物が竣工して半年が過ぎ、すでに松原さんが住まわれている書庫を訪れたときの印象を次のように語っている。

「丸い弧を描く本の背表紙を眺めたり、オーナーの御祖父様の仏壇に灯されたろうそくを見つめたり、ところどころに飾られた古い写真に眼をやったりする。この空間の感覚

［納骨堂／図面］

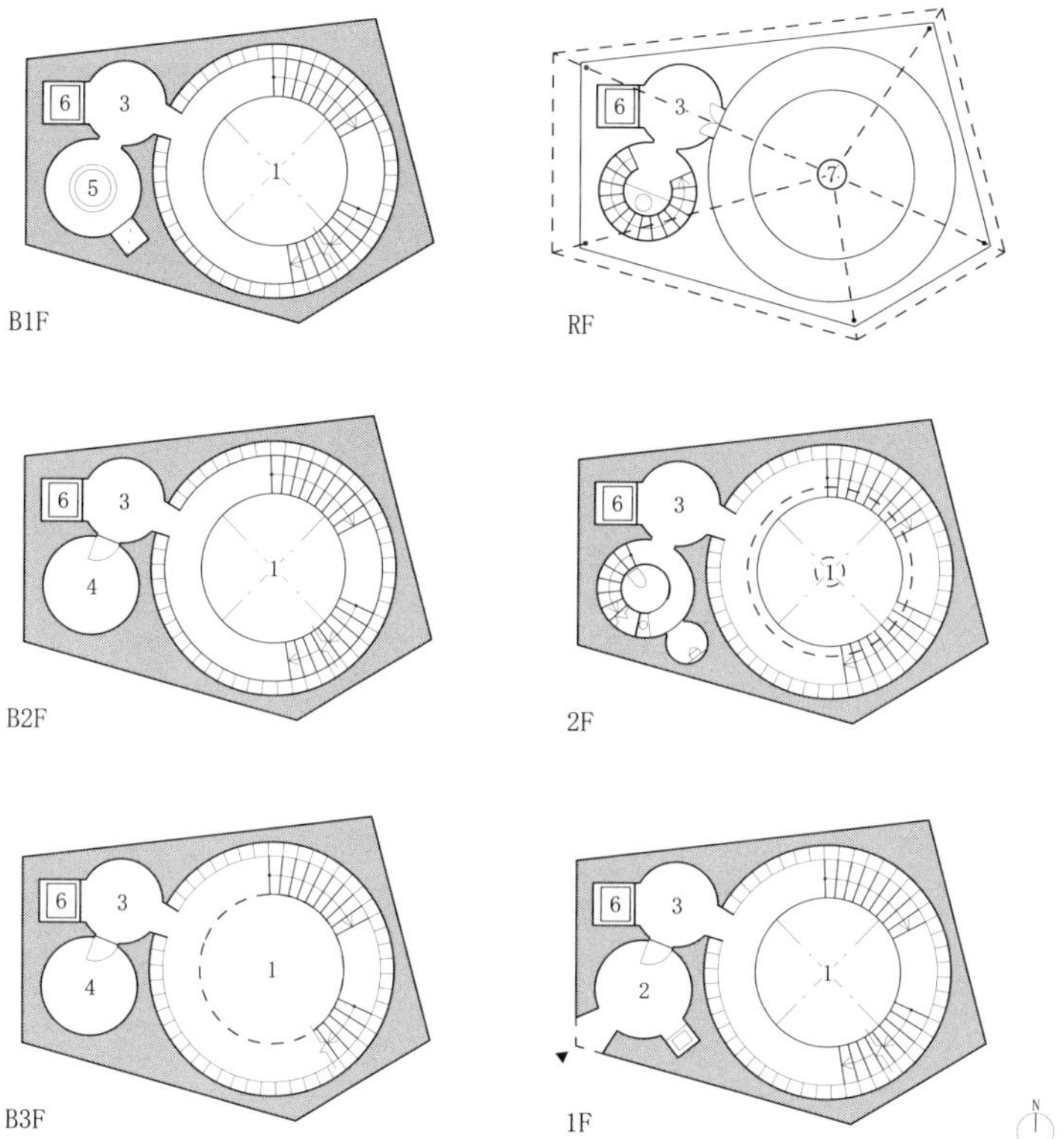

1　納骨室
2　ポーチ
3　ホール
4　収納庫
5　水場
6　EV
7　屋上庭園

平面図 S=1/400

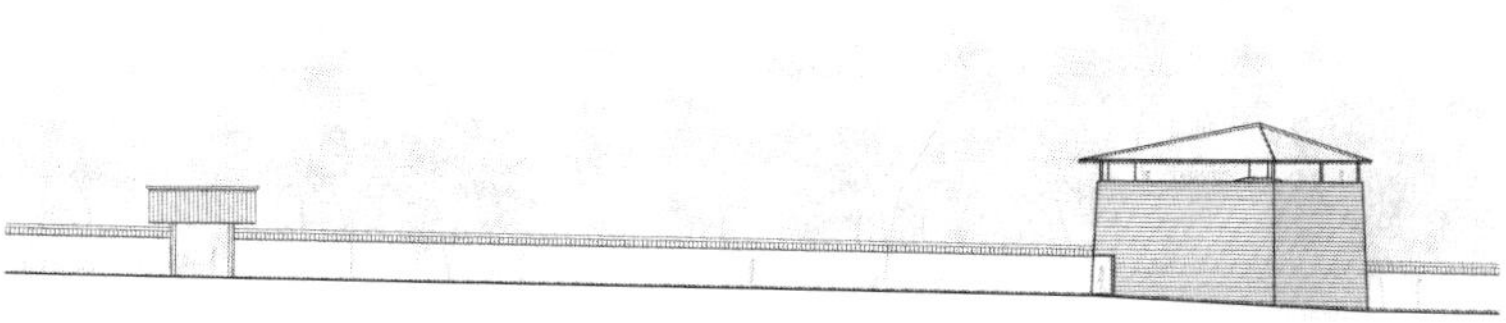

立面図 S=1/600

［納骨堂／模型］

は、なにか憶えがある。（中略）地下の床に腰を下ろして上を見上げたとき、アレクサンドリアのカタコンベを訪れたときの記憶がふいによみがえった。エジプト地中海岸の街アレクサンドリアにローマ支配時代の1、2世紀頃につくられた地下共同墓地だ」（「コンフォルト」No.134）と――。

そして当時の墓地は密閉された空間ではなく人がしばしば出入りをしながら死者をしのび、対話するための場であり、いわば生者と死者とが、現世と過去とが、あの世とこの世とが交わる場所だったと。そしてさらに、

「古い図書館にある書物の著者の大半は死者である。そこは、書物という名の死者たちの遺言が集められた場だ。アレクサンドリアには古代最大の図書館があったが、そこもまた沈黙の中にいる死者たちの記憶を掘り起こすための巨大な装置だったはずだ。そう、書物とはかつては記録の道具ではなく記憶のための道具だった」（同）。

田中さんの言葉により、奇しくも墓地（納骨堂）と図書館の役割がかつては同じであった事が自分のなかで鮮明に浮き上がっていった。どちらも死者との対話の場所であり、記憶を引き出し、継承する場所なのだ。書庫では約一万冊の本を収める事が目的であり、納骨堂においては約千の遺骨を納める事が目的であった。その必要な数を〝収める〟言い換えれば〝記憶を収める〟という目的もどこか似ている。

私が今まで深い感銘を受けた建築には〝死の気配〟がある。寺院や教会、墓地、遺跡、すべて死者を祀っている場所でもある。その気配があることにより、ひとりよがりの創造や、自分のコントロールだけでは成り立たない、深遠な世界を知り、同時に自己表現の限界を知り、死者の前で屈することとなる。その世界を知ることでデザインに〝奥行き〟と〝抑制〟が同時に生まれてくるように思う。〝死者との対話〟ができる場所、〝死の気配〟を感じられる場所が失われてゆくことは同時に、デザインの〝死〟を意味していると言えないだろうか。

現代に求められることを受け入れながら、そして同時代性を表現しながら、死者との対話の場所を提案したい。そう考え架空の納骨堂を設計した【149頁】。敷地は土地に限りのある都市の中の境内を想定した【149頁】。また遺骨を封印するのではなく、かつてのカタコンベのように、だれもがその記憶を掘り起こし、新たな記憶としてつぎに継承できるような場所となるように考えた。

ここでも阿佐ヶ谷書庫のように円筒形の螺旋の空間を踏襲している【右頁】。螺旋はDNAの構造にもみられるように〝記憶の形〟として認識される。そして静寂と光と闇の織りなす空間の中で記憶への感度を高められる場所となるように考えた。

堀部安嗣

プレゼン

さてこのコンクリートを円筒形にくり抜いたようなプランですと、躯体の隅に彫られていない部分が残ります。まるで美味しいメロンを厚く皮を残して食べるようなものです。しかしどういうわけかこの彫られずに残った部分が様々な問題を解決してゆきます。まずコンクリートの壁が分厚いので、遮音性に優れています。これは最も重要な点です。早稲田通りの喧噪を完璧にシャットアウトし、私の理想とする静かで孤独な本と向き合う時間を実現します。

また分厚いコンクリートは断熱性に優れ、ゆえにこの建物の壁には断熱材を入れずに済んでいます。窓や玄関は隅に残されたコンクリートを深く貫通しつくられるので、私の好きな彫りの深い窓が自動的にできあがり、かつ外にはみ出さない〝庇〟も同時につくられます。冷蔵庫や洗濯機、エアコンといった本よりも奥行きのあるものも、分厚い部分を削れば本棚になんなく収まります。

そしてなにより、初期プランではどうしても収めることができなかった仏壇が本棚の一部に自然にしっくり収まってしまいます。これにはとてもびっくりしました。あれだけ苦心した仏壇が、一見無駄に思える場所をつかって収まってしまうということが、奇跡的というか運命的というか、このプランに必然を感じた最大の理由だったのかもしれません。

一見、非合理的に見えるなかにも合理性があり、情緒的に見えるなかにも即物性があり、新しく見える中にも原初性があります。そして不思議なことにいくら自問自答してもこの特異なプランからは、独りよがりな〝恣意性〟を感じませんでした。それが自分にとってはとても嬉しいことでした。

そう手応えを感じると同時に次の問題が浮上します。だれがこの建物を予算内でつくってくれるのだろう？　そしてなにより、この不思議なプランを松原さんが納得してくれるかどうか自信がまだありませんでした。私が今まで松原さんに話してきたことと矛盾する点が多々あることにもだんだん気付いてきました。ローコストが条件だったのに、ローコストからかけ離れる要素を多々抱える提案です。ひょっとしたら今までと言っていることが違う、と叱られるかもしれません。不安を抱えながらも、松原さんに今の興奮と、プランの行き着いた結果を伝えるべくメールで連絡をしました。

図面をまとめ、清書し、模型をきれいなものに作り替え、2011年の11月末に〈ひねもすのたり〉でプレゼンテーションをしました。自分の設計した空間で、また自分の設計したものをプレゼンテーションするのも不思議なものだと感じながら、興奮して「これしかない！」という気迫でプランについて前おきなく話し出しました。

そのとき私の目に映った印象ですが、私の興奮とは反対に、松原さんはこのプランをいいとも悪いとも思っていない様子でした。それよりもまずは私の話を聞いて疑問点を端的におっしゃる感じでした。幸子さんは、今までとまったく違うプランにさすがに戸惑っている印象で、どうとらえたらいいのか、迷っているように見えました。無理もありません、初期プランと違って細かい要望はかなえられていませんし、立体的な空間把握はいくら模型を用意してもそう簡単に理解できるものではないと思います。このプランに合理性、必然性を感じていただけるには時間がかかるのは当然です。

松原さん、幸子さんがまだプランを理解されていない雰囲気を感じながらも、必死でこのプランが実はとても合理的で即物的な側面をもっている、との説明をしました。しかしその説明もうまくなかったのか、雰囲気は変わらず、失敗を感じざるを得ない状況になったころ松原さんから思いもよらぬ言葉が出ました。

「いいです。これでいきましょう」

プレゼンで使用した最終プランの模型。
上／左から、玄関と半地下、1階、2階、ドーム型天井。彫刻のような空間づくり。
下／最終的に3つの円柱空間に。

そして「信頼して任せているのだから、堀部さんがいいと思う事を受け入れるしかありません」と話されました。その言葉の奥には「このプランの善し悪しに関して今はわかりませんが必ずやいいと思うときがくると信じていますから」そんなニュアンスが含まれていたような気がします。そのタイミングと淡々とした語り口に感謝するとともに、重圧がのしかかってきました。もう後戻りはできません。プランを予算内に収め、物理的に、技術的に実現させなくてはならないのです。その後、細かい要望を伺い、反映しましたが、この時のプレゼンテーションと出来上がった最終プランはほとんど変わっていません。

〔最終プラン〕

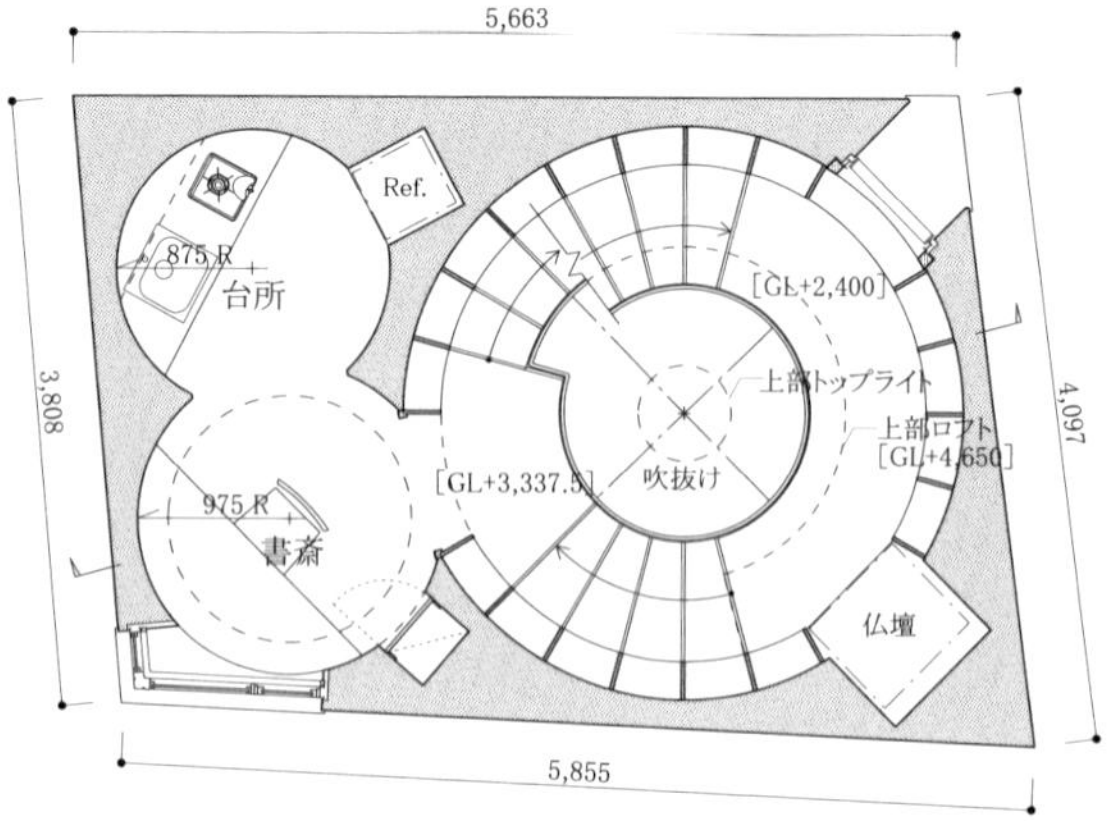

2階平面図 S=1/100

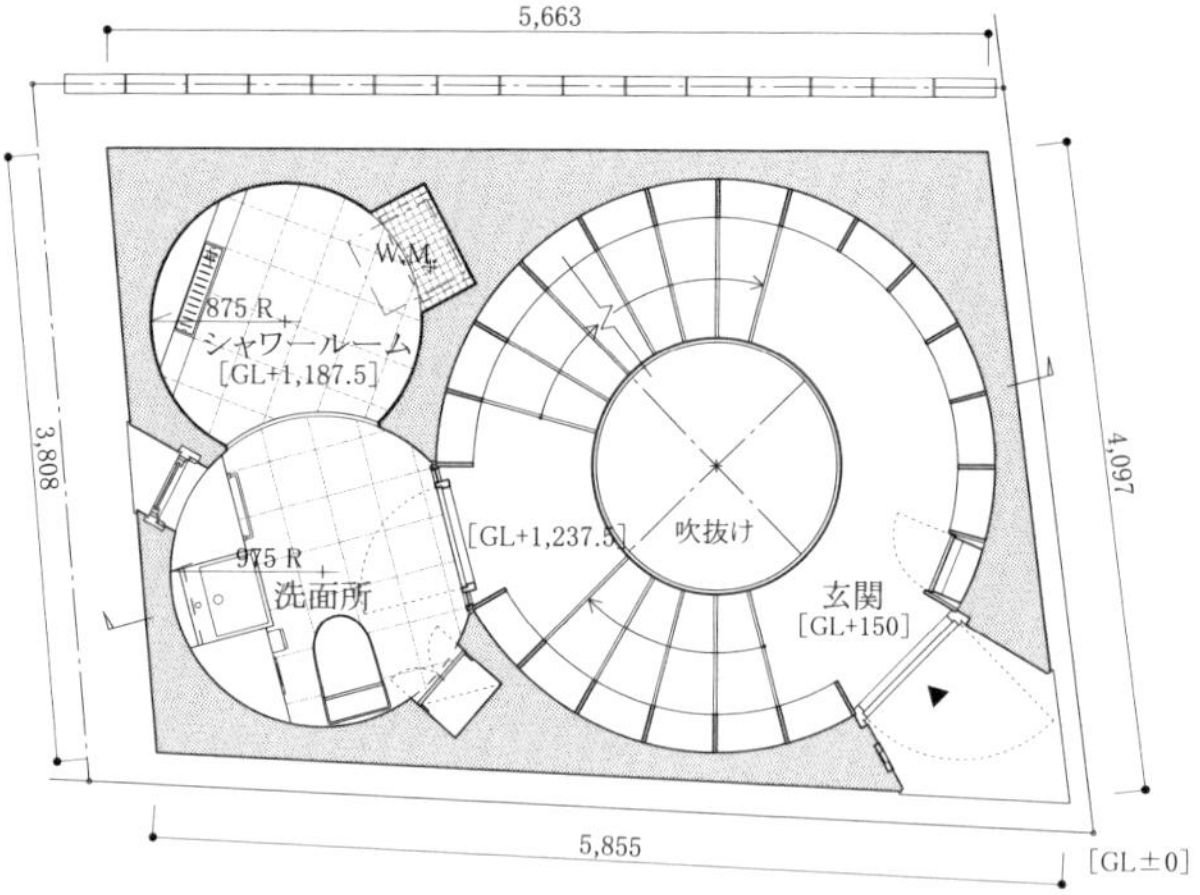

1階平面図 S=1/100

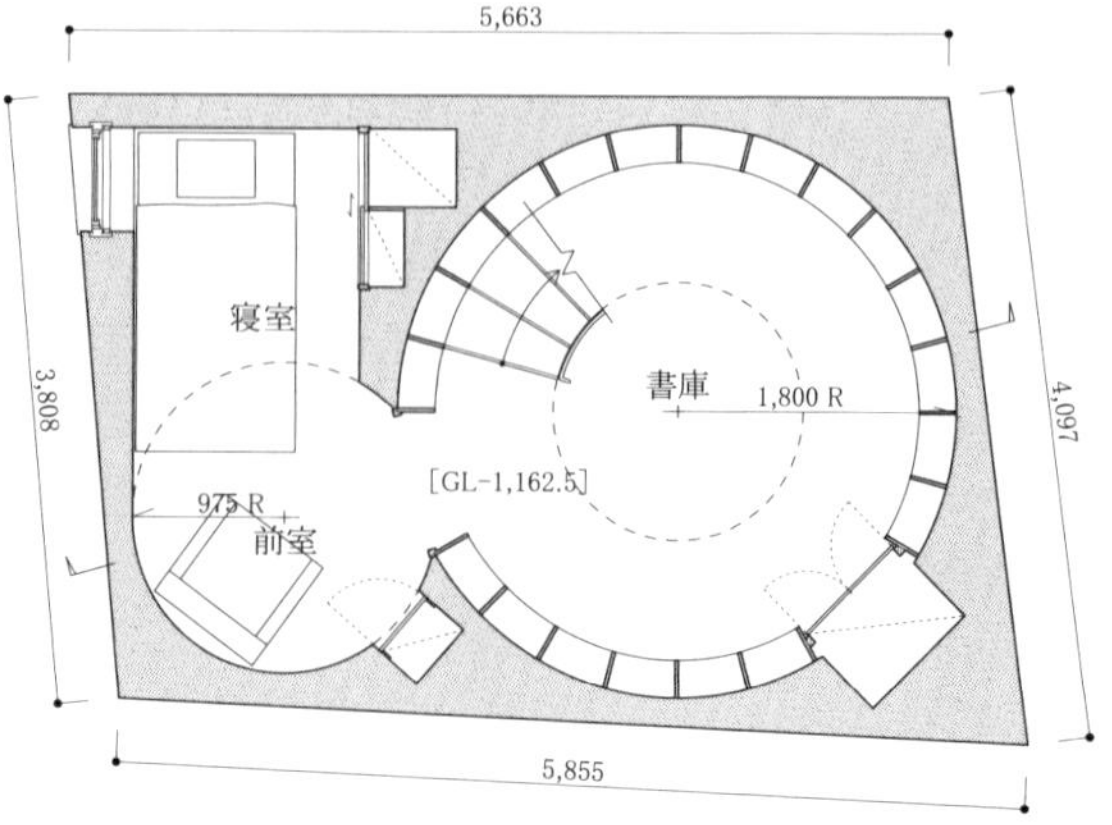

地下1階平面図 S=1/100

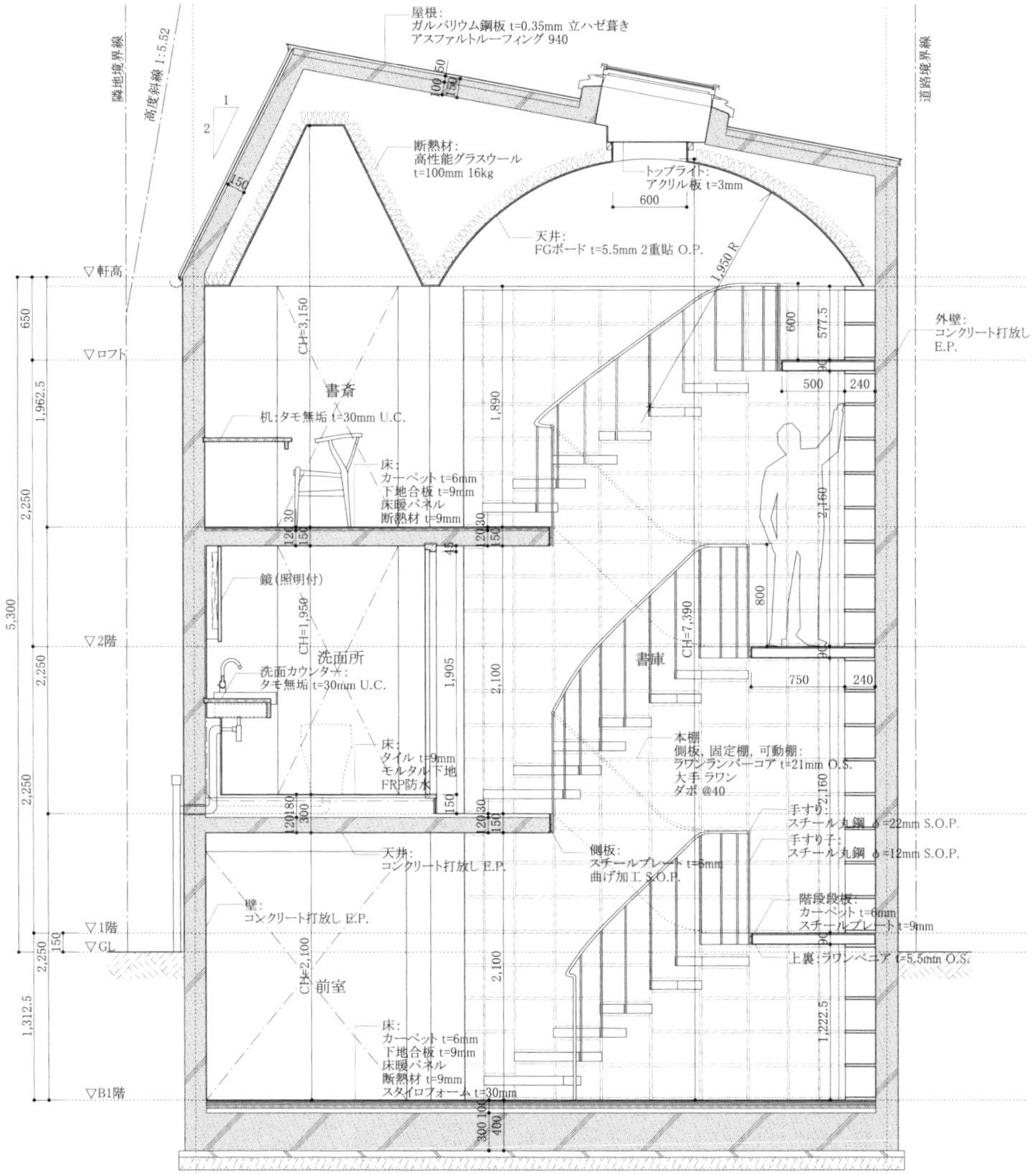
屋根:
ガルバリウム鋼板 t=0.35mm 立ハゼ葺き
アスファルトルーフィング 940
断熱材:
高性能グラスウール
t=100mm 16kg
トップライト:
アクリル板 t=3mm
天井:
FGボード t=5.5mm 2重貼 O.P.
隣地境界線
高度斜線 1:5.52
道路境界線
▽軒高
▽ロフト
▽2階
▽1階
▽GL
▽B1階
外壁:
コンクリート打放し
E.P.
書斎
机:タモ無垢 t=30mm U.C.
床:
カーペット t=6mm
下地合板 t=9mm
床暖パネル
断熱材 t=9mm
鏡(照明付)
洗面所
洗面カウンター:
タモ無垢 t=30mm U.C.
床:
タイル t=9mm
モルタル下地
FRP防水
書庫
本棚
側板, 固定棚, 可動棚:
ラワンランバーコア t=21mm O.S.
大手 ラワン
ダボ @40
手すり:
スチール丸鋼 φ=22mm S.O.P.
手すり子:
スチール丸鋼 φ=12mm S.O.P.
側板:
スチールプレート t=6mm
曲げ加工 S.O.P.
階段段板:
カーペット t=6mm
スチールプレート t=9mm
上裏:ラワンベニア t=5.5mm O.S.
天井:
コンクリート打放し E.P.
壁:
コンクリート打放し E.P.
前室
床:
カーペット t=6mm
下地合板 t=9mm
床暖パネル
断熱材 t=9mm
スタイロフォーム t=30mm
CH=3,150
CH=1,950
CH=7,390
CH=2,100
1,950 R
5,300

断面図 S=1/70

堀部安嗣

実施設計

基本設計がまとまると実施設計に進みます。実施設計が終わると、この建物を建てるための正確な費用をはじき出す事ができ、実際の工事をはじめる事ができます。どんな仕事も、まず私がこの実施設計の主要な図面を描きます。平面、矩計、主要なディテール、木造であれば構造図などです。私はコンピュータで図面が描けないので、手描きで描いてその後担当者がＣＡＤ（コンピュータ図面制作ソフト）で清書をするという段取りになります。自分の手で実施図面を描く事でそのプロジェクトの全体像を把握することができるようになるのです。

今回も手描きで描きはじめました。久しぶりに大きなコンパスをつかって円を描いたり、円と円を連結するのに手こずったり、また複雑な斜線で切られた屋根を、雨が二辺だけに流れるように手計算で勾配を決定する作業に四苦八苦しました。しかし、今回の建物は、基本設計の段階でほとんどのことを決めており、迷いがなかったので、自分自身の手描きによる実施設計の仕事は比較的順調に進みました【１６０〜１６１頁】。

また今回の構造設計（建築物の構造にかかわる部分の設計。安全性・機能性・経済性を考慮して、主として力学的な面から構造の形式・材料を選定し、部材寸法を算定すること）は構造家の多田脩二さんにお願いしました。東京理科大で非常勤講師を共にしていたきっかけで知り合った構造家です。不合理な点をさりげなく指摘しながらも、前向きにプロジェクトを推進させてゆく力をもった方です。こちらの意図を話すと、迅速に理解し、行動に移してくれました。構造の打ち合わせをしていると、この建物が物理的に、技術的にリアルなものになってゆく〝加速度〟のようなものを感じることができます。

一通りの図面が描き終わるとそれを今回の担当者である塚越に渡します。塚越にコンピュータを使ってまず本棚の割り付けをしてもらいました。平面的には本棚の縦の板のピッチと階段の踏み面の奥行きを揃えます。玄関扉や仏壇、隣の部屋へ通じる開口、エアコンなどもその本棚の縦の割り付けのモジュールと位置に合ってこなければなりません。また棚板においては、収蔵される本のサイズを検討し、可動棚をほとんど動かさなくても済むように割り付けなくては美しい本棚になりません。塚越もこの割り付けの仕事が非常に難しくて大変だったと、振り返っています。

さらに鉄でつくる階段と本棚の接合部分や細かなディテールも解決してゆかなければなりません。今回の本棚では、どんな場所にある本でも、脚立や台に乗らず手が届くように、という目標を掲げました。そしてなにより本棚と密接に絡んだ階段が上り下りしている感覚を忘れるぐらい、昇降が快適であることが重要です。

この特異なプランは実に暴れん坊です。確かで精緻なディテールと綿密に計算された寸法がなければ、この暴れん坊をおとなしく手なずけることはできません。手なずけられなかったら、単なるアイディアだけの代物で終わってしまいます。そうやって様々な絡みを手なずけて解いてゆく作業は高次方程式を解くような難しさでした。今思えば、土地の寸法がこれ以上少しでも狭かったり、少しでも縦横比が違っていたら、このアイディアは成立していなかったと思います。それぐらいまったく逃げ場のない設計でした。ということは同時に、施工はさらに厳しく逃げ場のないものになるに違いないと確信し、覚悟しました。

[実施設計図面]

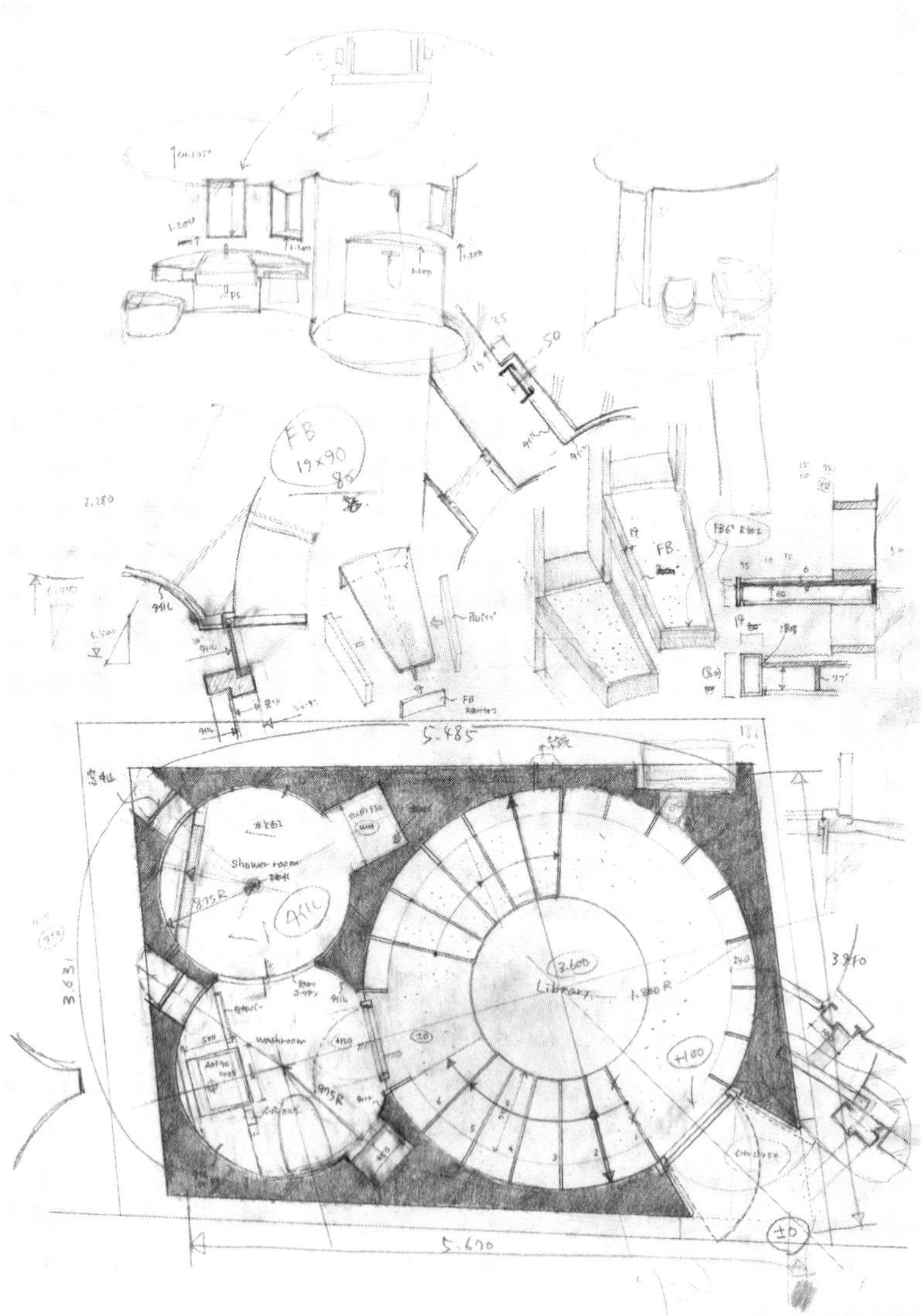

施工の詳細が記された実施設計図。1階の平面図とともに、洗面所やシャワールーム、階段のディテールが描かれている。透視図や断面図がよりダイレクトなイメージを伝える。

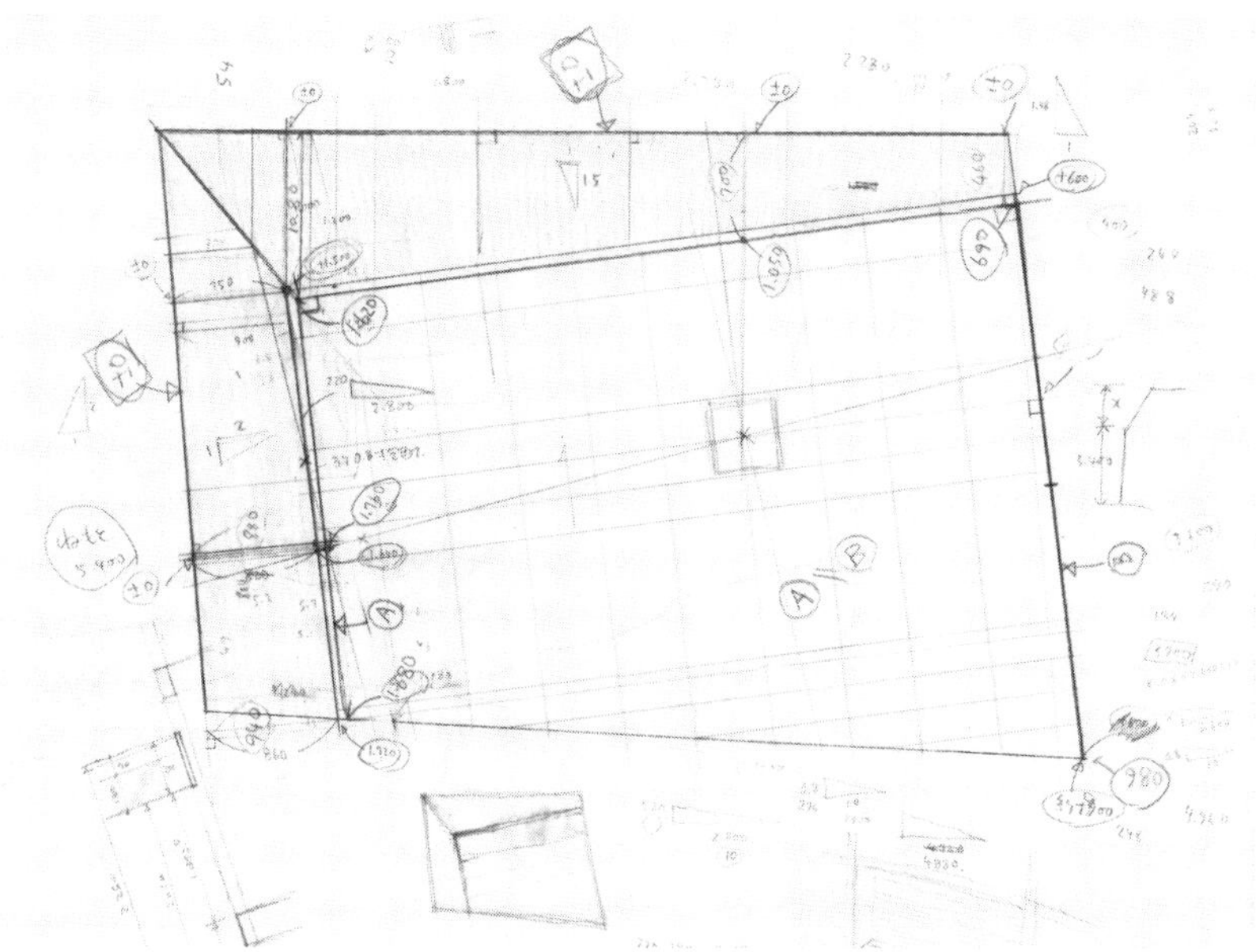

上／屋根の実施設計図。直角がどこにもない複雑な形状のため、勾配の数値の決定に苦心。
右／建物全体の断面図。実際には20分の1のスケールで描かれている。

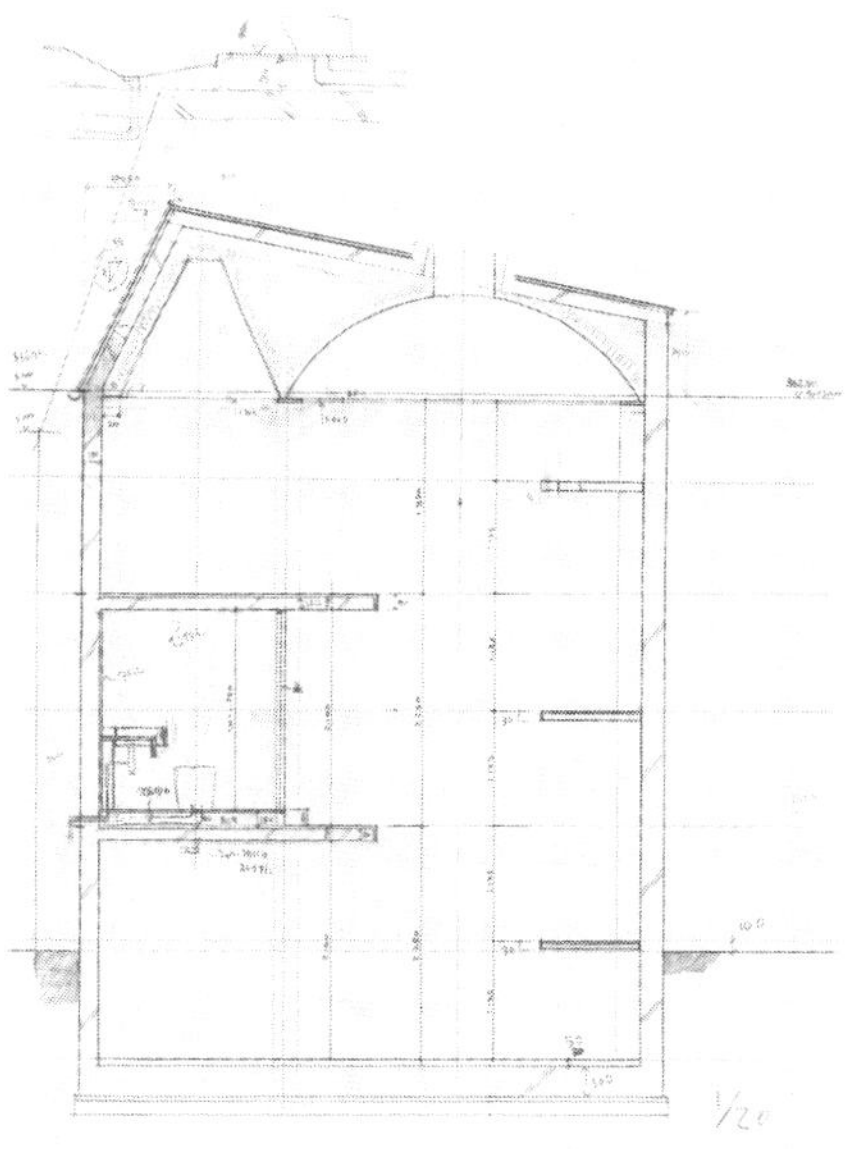

図書館　公共図書館のプラン

堀部安嗣

自分にとっての理想の図書館のイメージを抱き続けている。

〝本を読む場所〟という環境、空間を考えると、それは自然に自分にとっての居心地のいい場所、大切な場所を考えることにつながる。そう、本を読むという行為はスケール、光、音、素材、他者との距離といった環境を信頼し、安心して身体をそこに〝預ける〟感覚が必要だからなのではないだろうか。つまりじっくりと楽しんで本を読もうというときには、人は自然に自分にとって最も快適と思える場所を本能的に見つけ出そうとするのだ。

そう考えると住宅の設計と図書館の設計は自分の中では同じことなのかもしれない。私の住宅の施主にも編集者や作家、学者、翻訳家、図書館の司書など本に関わる仕事をされている方が多い。本が好きというより、すでに本が身体の一部であり、本が人生の一部になっているような方々だ。

〝本棚をたくさんつくってください〟という要望も多く、ある出版社に勤めている施主は〝図書館のような家をつくってください〟と話された。

そうとらえると小さな私的な図書館の設計は数を重ねてきた。ここではその蓄積された考え方をもとに、公的なより規模の大きい都市の図書館を架空で設計し、提案してみたいと思う。

阿佐ヶ谷書庫の最終プランができあがるころ、この建築のつくりかたを発展させて大きな図書館を表現できるのでは、と思った。阿佐ヶ谷書庫では本を収める円形の筒は一つしかないけれども、大小、いくつかの円筒の書庫の部屋を繋げていけば、様々な開架書庫のプランが展開されてゆく。例えば、ある円筒の部屋は〝歴史〟、ある部屋は〝工学〟、またある部屋は〝芸術〟という具合に円筒の部屋がジャンル分けされていて、それぞれに大きさの違いや光の雰囲気の違いがあれば、とてもわかりやすく、本を探しやすい図書館になるのではないか。またそれらのジャンル分けされた部屋を連続して見える立ち位置があると、建物全体を把握しやすくなるし、それぞれの部屋と部屋、あるいはジャンルとジャンルが相互に作用しあって面白い効果が

［図書館／図面］

1	ポーチ	9	バス待合場
2	風除室	10	休憩所
3	開架書庫	11	閉架書庫
4	個室	12	閉架図書閲覧室
5	事務室	13	学習室
6	トイレ	14	休憩室
7	EV	15	屋外テラス
8	搬入用EV		

平面図 S=1/800

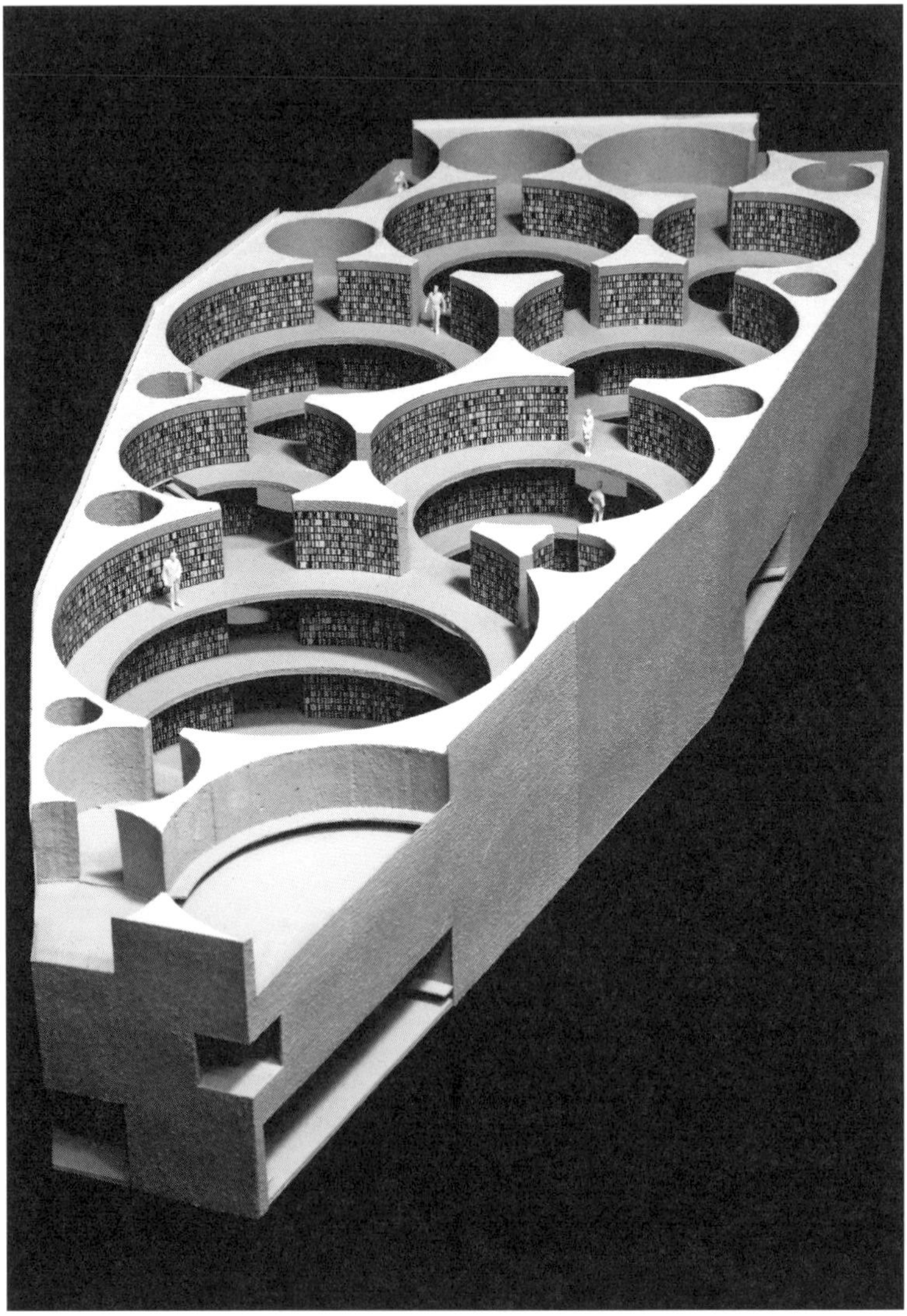

生み出せるのではないかと思った。

そして静かに本を読んだり、勉強したりする時には阿佐ヶ谷書庫の書斎や寝室のようなアリの巣の行き止まりのようなアルコーブのスペースを開架書庫に隣接していくつも生み出すことができる。誰からも邪魔されない孤独な世界と時間をつくれる場所だ。反対に建物の外側から塊をくり抜けば、そこは街に対してのアルコーブとなり、例えば通りの休憩所やバス停など公な場所として有効に機能するかもしれない。さらに円形にくり抜かれた軀体の〝余り〟部分は空調や電気の縦シャフトとして有効に機能することも見えてくる。

またこのプランのつくりかたは敷地の形状を選ばない。阿佐ヶ谷の書庫がそうであったように、敷地形状が不定形に歪んでいても、北側斜線や道路斜線によって建物が削られても大小の円形の部屋を適当に配置してゆけばプランが成立してしまう、おおらかな仕組みであるように思う。ゆえにその潜在能力を引き出し、表現できるようにこの提案ではプランをまとめるのが困難そうな不定形の土地をあえて選んでいる。また分厚いコンクリートの塊をくり抜いているからこそ可能になった圧倒的な〝静寂〟を強調するように、交通量の多い喧噪な場所を想定している。できあがった図書館は、古代の遺跡を改修して図書館として生まれ変わらせたかのような、長い時間軸を意識できるような悠久の佇まいをイメージした。

今、都市には情報が喧噪とともに溢れかえっている。その情報は自らが好むと好まないとにかかわらず容赦なく脳の中に入ってくる。今の時代、図書館の最も重要な役割は街で浴びた情報から自らを避難させ、情報を洗い落とすところにあるといっていいかもしれないし、今後そのような役割が重視されてゆくような気がする。情報を集める場所だった図書館が、有象無象の情報から身を守り、自分にとって本当に必要な情報だけを得られる場所となってゆく。そんな時代になってきたのかもしれない。

一歩入ると、そこだけは静かで、安心でき、自分にとって大切なものと対峙できる、そんな場所——図書館が喧噪な都市の中につくれたら毎日の生活に新しい発見と奥行きが得られるのではないだろうか。そんな情景を思い浮かべながら設計をした。

［図書館／模型］

建ち上がる家

2012.05—2013.03

松原隆一郎

施工会社の奮闘

堀部さんから書庫プロジェクトの最終プランを提示されたとき、実は家内がその場で要望を出しました。けれどもそれは私が引き留めました。私の要望が却下されたから家内のも認めたくない、というのではありません。あれだけ願望を伝えたのに堀部さんが敢えて退けたのだから、リスクを承知で最終的に私（厳密には私の中の祖父）が気に入る案を出してきたに違いない。そのプランを飲めないなら最初から依頼しなければ良いと思ったのです。別の言い方をすれば、私が要望を断念することで、堀部さんは私の信頼に対して一定の水準以上の成果を上げる責任から逃れられなくなります。

工務店の仕事

そしてここに、この書庫建築で私が想定していなかった第三の主役が登場します。堀部さんの「最終プラン」に目を通し、ともにカネとリスク、さらに情熱を賭けようと決意した人々です。それが施工会社として名乗りを上げた「時田工務店」、そして子会社で実際に建築を請け負う「アルボックス時田」でした。

建築家に設計を依頼すれば、実際に建てるのが工務店（施工会社）であるのは当然のことです。それは私も分かっています。けれども今回、私が理解していなかったことがありました。現場監督や職人さんが現場で知恵を絞り脂汗を流し、さらに工務店の経営者がリスクを冒さなければ、今回の堀部さんの設計図は実行されないということです。それほどこの「最終プラン」は、施工者にとって厄介な内容をはらんでいました。

堀部さんの選んだ候補は、当初二社ありました。けれども一方は、かなり素材を変更しても私の予算では何十万円か足りず、またドーム型の天井は技術的に無理と回答しました。ところが他方つまり時田工務店は、同じ予算と仕様でドーム天井も可能と返事したのです。しかも「ミニマムは保証する、途中でデザインを変えてくれとは言わない」と付け加えたというのですから、心強いことこの上ありません。

前者も、堀部さんが日頃つきあいのある優秀な工務店です。けれどもそれぞれの工務店にはやり方の「方程式」のようなものがあり、その式で計算できない部分についてはリスクがあります。リスクの分は高く見積もるしかありません。時田工務店より劣っているというのではなく、その会社の方程式には今回の図面が合い辛かったということです。優秀な工務店すら合致する方程式を持ち合わせているとは限らないのが今回の最終プランだと、私にも分かってきました。しかし時田工務店がこの仕事を引き受けた勘所については、工事が進み現場で詳細に説明を受けるまで理解できませんでした。

時田工務店の時田芳文社長、そしてアルボックス時田の専務（当時。現在は「アルボックス」と改称、代表取締役）で運営を担当している西村慶徳さんと初めて対面したのは、地鎮祭の日でした。阿佐ヶ谷駅近くの神明宮から神主さんを招き、狭い土地の四隅に青竹を立て、その間を注連縄で囲って祭場とし、神様が降臨して我々が祈るといった一連の儀式を行いました【210頁5月11日】。

その後、会食の場に移動し、堀部さんから今回現場を仕切って下さる精鋭チームを紹介してもらいました。現場に張り付くのは設計もこなす臼井敦寛さん、監督は2012年末に埼玉県の「県土づくり優秀現場代理人」として表彰された渡邉平さん。西村さんは総監督として、堀部さんとの連絡調整に当たります。

時田工務店は、阿佐ヶ谷から車で一時間以上離れた熊谷市に会社を構えています。現場へは、遠路はるばる通わねばなりません。電車を使った場合、現場は阿佐ヶ谷駅から徒歩で一〇分はかかります。ところが幸いなことに時田工務店は、2012年の後半に中央線で阿佐ヶ谷から三駅離れた東中野にもうひとつ住宅建築の仕事を請け負っていました。二つの仕事を同時進行させるからこそ、費用面で見合うのでした。渡邉さんは双方の現場監督を兼ね、東中野と阿佐ヶ谷を自転車で往き来することになりました。東中野の現場近くには一時的に事務所を借りており、熊谷到着が夜一〇時になる白井さんは、週の半分はこの事務所に泊まる生活を始めました。仕事にかける情熱がなければ、できることではありません。

建築には多種多様な職人さんが関わり、施工会社には職人さんを組織する役割があります。そこで時田工務店は、「アルボックス時田」を派生させていました。「アルボックス時田」は株の一部を職人さんに持ってもらう形で地域の技術を伝承するために作られた、熊谷の職人さんのネットワークです。通常は会社から半径5キロメートル以内の仕事を手がけており、地元の職人さんを集めるのですが、今回は現場が離れているため、熊谷以外にも伝手をたどって東京から神奈川まで広域にわたる職人さんのスケジュールを押さえてもらいました。

ドーム天井ひとつをとっても、堀部プランを実行するには左官や鉄骨などで職人の経験や応用力が求められます。それを満たす職人の編成が当初の大仕事でした。ただでさえ腕こきの職人さんが昨今では減っている上、2011年の東日本大震災後は復興需要で多くが東北地方にかり出されていたからです。それでもなんとか職人さんを指名できたのは、時田工務店の人脈のなせるわざです。「本当にギリギリでした」と西村さんは会食の席で仰っていました。

工務店から見た堀部建築

それにしても何故、時田工務店は、リスクをとってまで利益がさほど出るわけでもない書庫プロジェクトに手を挙げたのでしょうか。時田社長は私に、堀部さんの印象をこう語りました。

「彼の設計は一見みな何気ないんですが、実はものすごく個性がある。いつでも彼は新しい建築テーマを持っているんです。見た目に建築のにおいは彼なんだけど、手法は全部違う。クライアントとの関係の中で新しい建築を構想し、それを静かにやろうという意識があります。その彼がリスクを冒してやってくれって時田（工務店）に言って下さるんですから、トライをさせていただきます」と。

一方、過去に堀部建築を三軒施工したことのある西村さんは、こう評します。

「シンプルだけどすごく計算されてる。若いのに老練さを感じるくらいに整理されてるんです。形がシンプルで逃げ場がなくてもぎりぎり施工できるというところが、わかっているんです。図面を見たら、やりたくなくなる人もいるんですよ。ちゃんと設計が煮詰まってないとか、この部分は理解してないとか。それは図面を見ればわかる。（堀部さんは）そうじゃない。難しいけど整理されているという印象があり、お互いに意思が通じ合ったのです。

工事をやりながらも、（堀部さんは）設計を続けてるんです。固定しないで残しておいて、最終的に現場で決める部分がある。そんな大きな部分じゃないですけど、そういうことで全体の見え方も違ってきます。そういうのは決して手を抜かない。なかなか決まらないんで、一緒にやっていく意識がないと現場にとっては非常につらいですよ。通常の自社物件ならば自分達が設計もやりますから、やっていける。ただ施工だけやってる人は、非常につらいですよ」

施工のハードル

堀部建築に対しそれだけ経験を積んできたチームでしたが、今回の「最終プラン」の設計図と模型を見た瞬間、一同、顔を見合わせて、「うーん、これは……」と唸ったそうです。

「絶対おもしろいでしょうね。他に誰もやってないから。非常にコンセプチュアル」と時田社長。しかし現場にかかわる西村さんは「ちょっと見たこともない空間なんで、かなり圧倒するようなものができるだろうなということは想像できました。でも、たいていの業者が逃げますよね。（利益を）のっけても、ちゃんとした精度が出せるという自信がなかったら、尻込みします」と語ります。この「精度」という言葉は、外部が直角を一つも含まない四辺形の立体からなる鉄筋コンクリートの内部に、三つの円筒をくり抜く作業を指しています。

外壁が円筒形ではないコンクリート打ちっ放しであっても、内側の円筒を鉄骨で作るのであれば、鉄骨でできた円筒は問題なく立ち上がります。鉄骨の円筒に階段を掛け、本棚をはめこむのもさほど難しくありません。リスクは小さいでしょう。現場が狭く資材が置けないとしても、熊谷である程度まで作り、運んでくればよい。

内外の双方がコンクリート打ち放しの場合でも、壁の厚さが一定であれば、つまり内外がともに円で同心円が描かれるような状態なら、さほど難しくはありません。鉄筋コンクリートは、内と外の「型枠」を木の板で作り、その間に鉄筋を組んで生のコンクリートを流し込みます。同心円ならば内と外の型枠が平行に並ぶので、その間を同じ長さの「セパレーター」という金具でつなげば均等の力で引っ張り、枠の板がはずれないよう固定できます。コンクリートは微妙に脹らむものですが、なんとか成形できるのです。

堀部プラン最大の難所は、外が四角形、内が円であるために、二枚の型枠の距離がすべてのポイントで異なる点にありました。そのせいでセパレーターの長さはすべて異なり、しかも型枠に対して直角につなげません。溶接しても引っ張る力が均等にかからないため、型枠が固定されず緩む可能性があります。そうなればいったん付けたセパレーターを全部切り離してもう一度溶接し、微調整しなければなりません。コンクリートを打設する（流し込む）際には生コンを管で吸い上げ噴出させるので、型枠はかなり揺れます。それに耐える程度まで、型枠とセパレーターの配置の精度を高めなければならないのです。

精度は、躯体の内側にもかかわっています。内側のコンクリートには、直接に重い階段が接続されます。それだけに、コンクリートの躯体が高い精度で円筒になっていないといけない。躯体が美しく円筒形にくりぬかれて初めて、それに接続される階段と手すりが螺旋を描くことができ、本棚も円筒の壁に沿うのです。それら階段・手すり・本棚が半地下から天窓までをつなぐ形状が、この建築の見せ場となります。時田社長が「コンセプチュアル」と表現したのは、内部の壁を鉄骨で代替せず、わざわざコンクリートをくりぬくようにした発想のことだったのです。

ドーム型の天井については、鉄骨をドーム型に組んでから隙間なく表面に白色の板を貼り付けるのは緻密な作業ではありますが、それでも躯体から離れた鉄骨に貼ればよいのですから、コンクリートの形状の精度はさほど問われず、難度は比較すれば高くありません。

時田工務店でRCの現場を数多く手がける監督さんたちも一見して「これは大変だわ」と言い、ベテランも集めて、どうやったらちゃんとコンクリートを打てるのか、型枠のはめ方についてブレーンストーミングを重ねました。型枠の大工さんが不足している時期でもあり、西村さんは「やりたいけどちょっと難しいかな」と、いったんは尻込みしたそうです。

けれども時田社長は「クライアントと設計者と施工者、三者が等しく価値観を共有していいものをつくろうということだから」と前向きの姿勢を崩さず、西村さんも最終的には「(堀部さんに)『松原さんとの特殊な関係から作るんで、ぜひやってもらいたい』と言われた。そこまで言われると」と、腹を括ったのだそうです。こうして私が堀部さんの背中を押し、堀部さんが仕掛けるに至った冒険を、時田工務店も加わって、三者で乗り切ることになりました。

なにしろ重要なのは、職人さんの確保です。高い精度が必要な仕事に取り組む情熱のある職人さんを、日程を合わせてなんとか確保しなければならない。スケジュール編成が立ち、地鎮祭を経て掘削工事が始まったのが、2012年、6月4日のことでした。

地下からガス管が現れる

しかしのっけから、気がかりな事態が起きました。H鋼を地面に打ち込もうとしたら、これが入らない。仕方ないので掘ってみたら、大きなコンクリートの塊が道路側から敷地内にはみ出しています。かなり大きく、壊すのには費用が掛かります。それで不動産会社を介して一年前の契約時にお会いした売り主さんに連絡をとり、「瑕疵担保責任」に当たることを確認、費用を持ってもらいました。

それでほっとしたのですが、これは波乱の予兆にすぎませんでした。一週間後の6月11日、重機で地面を掘っていたところ、また固いものに突き当たりました。ここで構わずドリルでガンガンとやる手もあったのでしょうが、職人の直感からゆっくりと地面を掘ることにしてみました。そうすると信じられないものが姿を現します。早稲田通りから敷地内に太いガス管が20センチメートルほど進入していたのです。周囲の家に分岐している、生きている本管です。早稲田通りの地下に埋設されているはずなのに、なぜか正規の場所ではなく敷地内にはみだしていたのです【210頁6月11日】。

現場では一同が息を飲みました。もしもドリルでパイプを突き破っていたなら、ガス爆発した可能性があります。掘削していた人は生命を脅かされたでしょうし、地域住民には避難命令が出たはずです。「その施工責任者は僕ですから、万が一に何かあった場合には刑事責任を含めて僕が全ての責任を取らなくちゃならなかった」と、一報を受けた時田社長も青ざめました。

十日後、東京ガスから五名が説明にやってきました。「問題のガス管は都道である早稲田通りができたときから埋まっており、現在は道路管理者が区画の境界をはっきりさせるが、当時はそうでなかった。都が間違ったのか東京ガスに責任があるのかは分からないが、どちらかが原因ではある」とのことでした。

その中の一人が九〇度以上腰を折って謝り、撤去にかかわる費用の一切を負担すると述べました。こうして最悪の事態は回避できたのですが、面倒なことが残りました。都に掘削許可を申請すると警察に道路使用許可も貰わねばならず、それらには少なくとも三ヶ月はかかるというのです。

東京ガス側は、夏場なのでガスを止めても不足はしないからとりあえず切断して蓋をし、工事が再開できるようにして、ガス管移設にかんする都への申請は別途通しておきましょう、と提案しました。しかしそれにしても、ひと月半は工事ができません。ということは優秀な職人さんを確保するスケジュール編成が総崩れになり、いちからやり直さなければならなくなります。とくに型枠大工さんは、逼迫しています。費用関係が解決してほっとした私の脇で、西村さんは青ざめていました。

夏に向け、工事は止まったままでした。

工務店探し

堀部安嗣

実施設計が終われば、仕事を請け負って実際に建物を実体化してくれる施工者の登場です。

最初は昔からの付き合いのあるA工務店に見積もりを依頼しましたが、どうしても金額と技術面での折り合いがつかず、あきらめざるを得ませんでした。A工務店はこちらの難題をいつもなんなく実現化してくれるとても優秀で信頼しているところですが、その工務店でさえも「今回は無理」との判断を下したのです。困ったと思うやいなや、そのときふと西村さんに相談してみよう、と思いました。西村さんは埼玉県の熊谷市にあるアルボックス時田という建設会社の専務（当時）であり監督さんです。西村さんとの付き合いは古く、これまた私の駆け出し時代に目をかけていただいた、私にとって重要な施主である、大宮のSさんの家を施工していただいた時からの付き合いです。

よく施工者は設計者のことを〝先生〟と呼びますが、それは老練した偉大な建築家と付き合った施工者が呼んだ名残の形骸化した言葉だと思います。あるいは設計者が仕事をもってきてくれるから、そのお礼として先生などと煽《おだ》てているのかもしれません。私は若いころ、現場で先生と呼ばれるのに違和感がありました。むしろ経験がないのはこちらであって、施工、技術に関しては教えてもらうことが山ほどあるのです。これはきれいごとではありません。むしろ現場の監督さんや職人さんを先生と呼びたいと思うときがあります。

そういう観点でいけば西村さんは私にとっての先生です。〈大宮の家〉（１９９８年）の施工時から勉強家の西村さんには職人の仕事や、材料について、工法について、もちのいいディテール、建設費の内訳など色々なことを教わりました。間違ったことや本質的でないこと、穿ったことに対しては、先生だろうと設計者だろうと「それは違う」とはっきりものを言ってくれます。反対に本質的なことや、理にかなっていることに関しては、真剣に何時間もかけて検討し、実現のために労を惜しみません。そしてなにより西村さんとの打ち合わせや議論は楽しいのです。西村さんが現場や建築を愛しているからだけではありません。その打ち合わせには〝正しさ〟と〝希望〟のようなものがいつも寄り添っているからです。

その後も〈赤城のアトリエ〉（2003年）、最近では宇都宮で〈正光寺客殿・庫裏〉（2010年）を施工していただきました。どれも難易度の高い、リスクを背負った仕事でしたが、期待以上の仕上がりになったように思います。

さてその西村さんに連絡をするのですが、事務所は建設現場から距離的に遠いこともわかっていたので実際に施工をお願いするというよりは、とりあえず相談するような感じでした。すると渡りに船とはこういうことでしょうか、これから東京の東中野で現場があるから、同時並行だったらなんとかなるのでは、と言っていただいたのです。幸運なタイミングでした。迷わずプロジェクトのことを説明して見積もりの依頼をしました。

四回目のお付き合いということもあり、お互いのことはよくわかっています。私の事務所の勉強会にも講師としてきていただいたりしていたので、意思疎通がとれていて、スムーズに見積もりが出てきました。なんと松原さんの予算に対してほぼ収まる額でした。しかもどうしても実現したかったドーム天井や、その他の技術的な問題も解決できると頼もしい言葉もいただきました。これでこの書庫の実現が一歩も二歩も近づいたと胸を撫で下ろしました。

そして建築確認申請も無事に許可が下り、いよいよ着工にむけて動き出したのです。

堀部安嗣

着工

天気に恵まれた初夏の日、施主の松原さん、幸子さん、施工をお願いすることになった時田工務店（アルボックス時田の親会社）の時田社長、西村さん、そして西村さんの下について現場を見る、現場監督の渡邉さんと白井さん、事務所からは私と塚越といった今回の普請に関わる人が集まって地鎮祭をしめやかにとり行いました。地鎮祭は工事の安全祈願に加え、これから施工に携わってゆく方との顔合わせというもう一つ大きな目的があります。私はもちろんのこと、施主も、これからこの人たちが建物を実際につくってくれるのだ、と作り手の顔と人となりをしっかりと見て取れ、安心感を得ることができる場なのです。

敷地には、ロープで建物の輪郭が描かれていました【210頁5月11日】。

二次元で描かれた輪郭は建物をぐっと小さく感じさせます。八坪の敷地よりも一回り小さくて、車一台分の駐車スペースとほぼ同じです。三次元的に建ち上がってゆけばスケールを得られることは、経験上わかってはいるものの、さすがに不安を感じざるを得ませんでした。経験のある私でさえも不安になるくらいですから、施主の不安は計り知れないものがあるのではないかと思いましたが、松原さんはむしろこの〝極小さ〟をどこか楽しんでいるような気配がありました。

その後は松原さんが直会《なおらい》を用意してくださり、会場の料亭にて工事請負契約を締結しました。予算は潤沢にあるわけでもない、規模は非常に小さい、それに反比例して難易度とリスクは非常に大きい、という施工者泣かせのこの仕事をよく引き受けていただいたものだと今さらながら有り難く思いつつ時田社長に「恩に着ます」とビールをお酌しました。感謝の気持ちといよいよ始まる工事への期待に胸膨らんだ私とは反対に、これからは施工者が現場では主役となり、待ち受ける困難に先頭を切って向かってゆくことになります。

建築の仕事をはじめた頃、この状況をとても不思議に思いました。設計の段階では自分だけの世界に、自分が設計した生き物のような建物が生息している感じなのですが、着工を境に、建物という生き物が成長し、その世界から飛び出し、もっともっと広い世界を生き始めるような感じがするからです。地方の現場で、はじめて付き合う工務店であれば、今まで会ったことも話したこともない、そしてどんな人ともわからない人がいきなり、自分の描いたものをつくり始めているのです。そしてその人がいつの間にか図面をよく読み込んでいて、理解のあることを協力的に話してくれたりすると、思わず手を握りしめて「なぜ私のやりたいことがあなたにはすぐわかるのですか！　ありがとう！」と言いたくなります。

当たり前の話ですが、それぐらい図面というのは建築をつくる上で確かな表現手段です。処女作である〈南の家〉と〈ある町医者の記念館〉は鹿児島の山間にあるのですが、その建物をつくってくれた年配の職人たちの〝鹿児島弁〟は80パーセント以上聞き取れませんでした。決して大袈裟な話ではありません。それでずいぶんとコミュニケーションに苦しんだのですが、しかし、その人たちに向けてわかりやすい図面を描いたり描いてもらったりすると言葉は必要なく、すぐわかり合えることに気づいたのです。その経験から年配の職人に対して〝わかりやすい図面〟というものをどう描くか、ということが私にとって大きなテーマになりました。

私の描く図面には大きく三種類あります。

一番目は自分の頭の中をそのまま表した、自分の理解のための図面。二番目はそれとは正反対の、誰にでも理解できて、誰にでもわかりやすい客観的で冷静な図面。三番目はある特定の人に向けて、その人が理解しやすく、把握しやすい図面です。基本設計の段階では一番目の図面が多く、実施設計の段階では二番目の図面が多く、現場に入るとほとんどが三番目の図面になります。特に年配の視力の落ちた職人や監督に対して、あるいは事務所の狭い空間で見る図面でなく、現場の広いスケールの中で見る図面の場合は、込み入った細かい線は極力描かずに、また文字もかなり大きく描きます。おのずと縮尺も大きくなります。それは図面というより、〝大きな手紙〟のような感じになります。現場の状況や段階に合わせてそれらの図面を描き分けてゆくのですがコンピュータではなかなかその使い分けができず、どの図面も同じようなものになってしまいます。コンピュータの図面が得意とするのは二番目の図面です。私の事務所では手描きが適した図面と、コンピュータが得意とする図面を分けて描くようにとスタッフを指導しています。

さて、難産だった阿佐ヶ谷書庫もいよいよ工事が始まりました。

工事が始まると私は〝設計監理〟という仕事に就きます。工事が図面通りに行われているかを確認したり、施工上の問題を施工者とともに相談したり解決したり、あるいは今までよりさらに詳細な図面を描いたり、前述した三番目の手紙のような図面を描いて施工者に設計意図を伝えます。この仕事は前段階の設計と同じぐらい重要な仕事で、思い通りの納得ゆく建築をつくりあげるためには不可欠です。そして現場をスタッフに任せることなく私自身が現場に足を運ぶことを大切に考えています。今回の書庫の現場においては、おおよそ一週間に一回、担当の塚越が打ち合わせに行き、私が二週間に一回現場に行く予定を組みました。

現場での打ち合わせには渡邉さんと、白井さんが参加し、塚越が描いた詳細図をもとに具体的な指示を施工者に伝えます。その打ち合わせに私は参加するときもありますが、具体的なことに関してはなるべく塚越に任せ、私は現場の中や周囲をうろうろと歩き回って、頭を整理しながら俯瞰的にこの建築をとらえようと心がけます。ともすれば運動不足で頭だけが疲労する不健康な仕事になりがちですが、現場に行くと、現場の内部や周囲を散歩することで、身体を使って建築を考えることができ精神の疲労と肉体の疲労が一致した心地よい疲労感が得られます。脳だけに頼らない、身体感覚をともなった建築にするためにも現場に行く意味は大きいのです。

さて、一般的に施工者や施主の立場から言えば、現場が始まる前にすべてのことが決まっていて、寸法や仕様等の変更もなく、図面通りのものがそのままできあがることが望ましいでしょう。仕事の段取りもしやすく、金額の増減も生じず、予定通りに事を進められるからです。また設計者の立場から言っても、正直なところ現場に入ってからの変更はしたくありません。建築確認申請書に変更を加える仕事が増えたり、お金の管理もややこしくなったり、また施工者や施主に混乱と負担を与えてしまい、信頼感を失うことにつながりかねないからです。

そのことは重々わかっているのですが、それでも私はどうしても現場で変更が多い設計者のようです。設計のプロであれば、すべてを図面から読み取り、事前にイメージし、起こりうることをシミュレーションできていないといけないのかもしれません。それが完璧にできていれば現場での変更は生まれないはずですが、どうもうまくいきません。

現場が始まると想定外のことが必ず起こり、そうして出現した空間を目の当たりにすると、うまくいってなかったらどうすれば良くすることができるのか、反対にうまくいっていれば、どんどん欲が出て、もっと良くするにはどうすればいいのか、と考えてしまいます。もちろんその変更には良心がともなっていなければなりません。体を張って厳しい仕事を重ねてきている職人に対して感謝と敬意を忘れてはいけません。変更の程度と費用対効果をしっかり考え、なるべく周囲に迷惑をかけないようには心がけているつもりですが、それでも段取り命の施工者には負担をかけているようです。

書庫の現場でも机上からはイメージできなかったことが多々ありました。すべてが設計変更につながるわけではありませんが、それによりこのプロジェクトの考え方、見方が少なからず変化してゆきます。そのリアルな変化を見逃すことなく、あるいは見て見ぬふりをしないように心がけ、必ず今後の現場に反映させようとします。

例えば、今回のコンクリートの躯体工事は非常に暑い夏の日に行われました。頭ではわかっているのですが、その強烈な暑さを体感すると、本当に断熱材が必要ないのだろうか？　少しでもコンクリートに熱を蓄えないようにしないといけないのでは？と不安になりました。また松原さんが再三、冬の寒さだけはなんとかしのぎたい、と要望されていたこととも併せて最終的にはコンクリートの内外に断熱塗料を塗る追加変更を現場に入ってからすることになりました。あるいは本棚のデザインが、模型では大丈夫だと思っていたのですが、実際のスケールでは適していなかったので変更をしました。最終的には変更しなかったけれども、幾度も変更の相談をして西村さん、渡邉さん、白井さんを困らせたこともありました。

また設計上の問題だけでない、予期せぬトラブル、アクシデントも起こります。今回は着工して、半地下をつくるために土を掘ったところ、本来ならば公共の道路の下を通っているはずの公のガス管が敷地内に入り込んでいました。

もし土を掘る勢いで管を切断してしまったり、あるいは気付かずにその上に建物を建ててしまっていたら、と考えると無傷で見つかったことが不幸中の幸いだったと思えますが、そのおかげで予定していた工事がすべて中断し、再開の目処もたたなくなってしまいました。再開するにはガス会社がガス管を正規のルートに直す工事をしなければなりません。ただでさえ震災の影響で型枠大工が不足していて、ようやく確保できた職人をその間手放さなくてはならなくなり、再開できたとしてもその職人の身体が空いているかどうかもわからないのです。ようやく着工できたと喜んだのもつかの間、一時はどうなるかと頭を抱えてしまいましたが、ガス会社の迅速な対応、アルボックス時田の交渉能力、松原さんの理解があいまって、一ヶ月半程度の中断期間後に工事を再開することができました。

そして私たちはその間、余裕をもって施工図を描いたり、冷静に設計を見直したり、あるいは抱えている他の仕事を片付けたりして、結果的には〝良かった〟と思える時間にできたのです。このように予期せぬ

〝負〟の出来事を、最後は〝正〟に変換してゆく考え方や技術が建築には不可欠のように思います。それは建築の醍醐味といってもいいかもしれません。

松原隆一郎

職人の仕事

建築工事が再開したのは7月23日。42日ぶりでした。もともとは10月半ば竣工の予定でしたが、少なくとも中止期間分の遅れが予想されます。

不況で建設投資がピーク時の半分以下になっている現在、建築の基礎を担う型枠大工や鳶は二、三割も離職しています。時田社長によると職人はきつい肉体労働であるため、いったん他に固定給の仕事をみつけると滅多に元の職場には戻ってきません。高齢化してもいます。そのうえ東日本大震災後は東北に人手をとられています。そのため編成の組み替えは困難を極めました。それでもなんとかやりくりし、完成までに職人さんは延べ617人が現場で働いてくれました。

型枠づくり

前半の山場は、前述したようにRCでの軀体づくりです。どこまで内部が「真円」になるのかは、型枠大工の腕にかかります。

まず掘って地面を平らにし、床を二重に組んで基礎にしました。その上に細かく線を引き、鉄筋を乗せていきます。早稲田通りを渡ったあたりや横断歩道の上から基準ラインを引き（逃げ墨）、書斎と書庫の「円」の中心を定めました。当面はこの円心を元に円を実現することが目標となります【210頁7月26日】。

型枠は現場で切ります。型枠大工は、吉川三弘さん。RCが専門で20年のキャリア、それでも「ここまで難しいのは初めて」と漏らします。マンションなどだと各階の形が同じで、ふつう内側は四角。対照的にこの物件の内側は円。円を直線用ノコギリで切るのは至難の業です。

さらにセパレーターの設置が面倒で、寸法を測って箇所箇所で引いたり押したりしながら一本一本を調整します。長さがすべて異なり、型枠を直角でなく斜めに支えるようになるため、どうしても円心がずれます。じりじりと熱い日差しに照らされる毎日。型枠が開いたり倒れたりして、やり直しを繰り返しました【210頁7月23日〜211頁8月21日】。

その間、狭い土地には材料を置く場所がありません。敷地いっぱいに建てようとするためで、屋上に上がる階段もなし。屋上の荷揚げ場へは、壁の外をいちいちよじ登るしかありません。材料は熊谷から運び、その日に使い切れない材料は持ち帰る日々が続きます。

コンクリート打設

コンクリートは一階ごと、三回に分けて流し込みました。地下のコンクリが固まると一階分をその上に流し込み、固まると二階分をその上に流し込むという具合に、工事は進みました【211頁8月22日〜212頁10月19日】。

ミキサー車から出した生コンはポンプ車で吸い上げて吐き出し、ならしていきます。生コンはなかなか均等に出ません。固くて上がらない時はバイブをかけ、振動で上げます。「真円」を作ろうというミリ単位の作業なのに、型枠はガタガタと揺れます。ひと月で、地階の外壁が立ち上がりました【211頁9月5日】。一階の打設に取りかかります。下の階のコンクリとのつなぎめにズレがないか気に掛かりますが、いずれかの階が真円にできたとしても、他がそうとは限りません。一階ごとの何ミリメートルかの傾きも、逃れられません。内壁は打ちっ放し。「仕上げしろ」のための「逃げ」がありませんから、一発勝負です。内部を覗いてみました。素人目にはかなり狭い。「これが広くなるのだろうか」と心配になります。まるで子どもの秘密基地みたいに見えました。

さらにひと月で、最後の打設を行なう日となりました。屋根は水平でなく傾斜があり、生コンを入れてもずり落ちてしまうため、「返し枠」を付け、左官工が屋上で丁寧にコンクリートをならします。これで外観ができ上がりました【211頁10月19日〜212頁10月19日】。

10月28日。コンクリートの養生が終わり、いよいよ型枠を外す日です。外壁に階段はありませんから四人で外壁にへばりつき、手渡しでパイプや型を降ろします。ひとりが屋上で外してはふたりめに渡し、三人めが一階部分でひきつぎ、最後の人が下でトラックに入れるのです。じきにトラックは一杯になります。翌日も作業は続きました。

現場監督の白井さんは、内部で階ごとを仕切っていたベニヤ（仮スラブ）を外したとき、「円」の精度が高くないことはすぐ分かったそうです。それにもかかわらず、地階からベニヤを取り払って見上げた光景には、押さえきれない感動がこみ上げてきたといいます。地下から屋根までの「吹き抜けてる感じ」が予想以上で、「これが堀部建築なのか！」と実感できたのです【212頁10月31日】。

螺旋階段の取り付け

それでも内部をできる限り真の円筒に近づけないことには、階段の手すりが螺旋状に建ち上がりません。階段や本棚はコンクリの内壁に取り付け、さらに手すりは階段に載せます。熊谷で作る階段の一枚一枚の段は、幅を変更できません。階段や本棚、手すりは真円ではない内壁に取り付けるのに、透明な真円の円筒に絡みつくように螺旋を描こうというのです。設計図には、内壁も階段も、真円として線が引いてあるだけ。それを実現するのが、職人の腕前です。こうして、施工の後半戦が始まりました。

ここでもう一度、測量屋さんが来ました。地下の地面に、いまいちど墨で真円を引き直します。木造だと大工さんや工務店で墨を出しますが、RCや複雑な構造の場合は専門の墨出し屋さんがいます【212頁10月31日〜11月1日】。床に真円を描き、そこから垂直にレーザー光線を上げると、空中に真円の円柱が描けます。やはりコンクリの内壁とは誤差があります。その真円の中心に合わせて一段一段の階段の向きを調整することで、階段の内側を真円に見せようというのです。

11月いっぱいまでのひと月間は、この階段と手すりの取り付けに当てられました。階段の「受け」の穴は、内壁に打ち込んでありますが【213頁11月1日】。鳶と鉄骨工が三人がかりで一枚一枚の階段を持ち上げ、ボルトで仮づけします。一段作ってはそれに登り、次の段を取り付ける作業を繰り返します【213頁11月7日】。踊り場の大きな段は、屋上からフックをかけ、吊り下げて入れました。

一枚ごとの階段を円心に向けつつ、凸凹はブロックごとに頭を揃えます【213頁11月14日】。その微調整と溶接を、鍛冶工の吉野滝史さんが担当してくれました。さらに階段の内側部に、手すりを立てます。図面では、手すりは綺麗な螺旋を描いています。地下から天井まで、手すりが竜のようにとぐろを巻いて立ち上るはずなのです。

ところがいくら調整しても、微妙なところでそう見えません。視察に来た堀部さんから、きつい言葉が出たそうです。「それならとことんまでやってやろうじゃないか」。吉野さんの闘志に火がつきました。一週間強で終わるはずの作業が、延々と続きます。その間、私がいつ行っても、溶接用マスクをかぶった吉野さんは階段に座り込み、火花を散らしていました【213頁11月22日〜12月5日】。

そして三週間。ようやく本溶接にたどり着きました。手すりはそれまでの黒から反射する鏡の色へと一変し、螺旋を描くラインも美しく仕上がりました【213頁12月5日(下)】。「できましたよ!」と吉野さんは、晴れ晴れした笑顔を向けてくれました。

白井さんも、ほっとした表情です。「初期プランを見ましたよ〜」と頭を掻いていました。土地の四角を反映させた内部にエッシャーの画のように階段が入れ子に入る前述の図面を、ネットでの本文の連載を見て初めて知ったというのです。あの案なら、RCの内壁で「真円」を作るという難業は必要ありません。階段も、手すりも簡単です。収納しうる図書の量だって、そちらの方が多いかもしれない。初期プランから最終プランへの堀部さんの構想の変化は、施工者に遠慮なく負担をかけるものでした。

天井を組む

12月に入り、次第に寒さが募ってきました。中頃までは、躯体を左官工が補修したり屋根にガルバリウムの鋼板を取り付けたりが続きます。地下の寝室部分では、床を木で組む作業が行われています【214頁12月18日】。そうこうするうちに、内部からの天井作りが始まりました。

まず三日間で鉄骨を組み上げ、ドームを作りました。網目状なので原爆ドームのように見えます。その内側に、三角形をした段ボール状の白い紙を貼り付けます。元々は平面である三角形の紙を半球になるようにしならせるのですから、丸みを持たせるのが難しい。これを二重に貼ります。一枚目を貼った段階では、ボードの間に隙間がありました。その上に、仕上げの二枚目を貼ります。アールインテック社の若い職人さんが二人で担当してくれたのですが、二人ともやっているうちに熱を帯び、ものすごい集中力で四日間貼り続け、隙間の痕跡が見えなくなるまで精緻に仕上げてくれました。その上に塗装します。出来上がりは、まるで漆喰の壁のよう。とても鉄とボードが下地には見えません【213頁12月13日・214頁12月18・20・27日】。

ここで堀部さんが色見本を何色か外壁にあてがっては見比べ【213頁12月13日】、最終的に小豆色の濃さを決めて塗装し、年末の作業は打ち止めとなりました。

本棚づくり

年が明けると、いよいよ本棚です。こちらは三科尚也親方率いる大工の「(株)吉川の鯰」が担当してくれました。基本的な形を草加の工場で切り、現場に運び込みます。後ろ壁が必ずしも真円ではありませんので、削りが必要になります。

嬉しかったのが、本棚の無数の棚板の前側を、一枚一枚円形に丸めて切ってくれたことでした。堀部さんも西村さんも、そこはあまりに面倒なので「直線で」と発注していました。円筒の一周で本棚の棚板は24枚はありますから、24角形になるところです。ところが「鯰」の大工さんは「やりましょう」と申し出て、内側を円弧に削ってくれたのです。合計で約500枚はありますし、後ろ側は非円筒形のコンクリに沿わせるため必ずしも円弧ではありませんから、気の遠くなるような作業です。棚板を棚にはめ込んでみると、この円弧が連鎖して、全体でなんとも美しい円を描きました。この大工仕事の精緻さと情熱には、惚れ惚れとしました【215頁1月21・31日・216頁2月25日】。

そして2月7日の朝。塚越さんから電話がかかってきました。「完成しました、現場に来ています」。あと四、五日はかかるかとのんびり構えていた私には、寝耳に水でした。とるものもとりあえず服を着替え、自転車に飛び乗り、現場へ走りました。外観は年末からはあまり変わっていません。ごろんとした土の固まりのような立体です。ところが玄関の扉を開けるとその内部には、どこでも見たことのない光景が広がっていました。

堀部安嗣

施工プロセス

真夏の猛暑の中、しばらく中断していた工事が再開しました。やはり当初予定していた型枠大工は中断により予定が合わなくなり、職人不足の中、西村さんがなんとか都内の新しい型枠大工を見つけ、熊谷からは鉄筋工も乗り込み、コンクリートの軀体工事が始まりましたが、おそらくこの工事は職人にとって最も過酷な仕事だったのではないでしょうか。

規模の大きな工事現場も壮絶ですが、規模の極めて小さい工事現場も壮絶です。身動きの取れないスペース、資材置き場もままならず、また隣家が迫っているため、足場が架けられず、上下、左右の移動は極めて不自由な単管パイプです。それに追い打ちをかけるように、複雑で一筋縄でいかない型枠と鉄筋の配置は容赦なく職人の〝テンポ〟を崩します。一定したテンポが出ないことは、灼熱地獄とあいまって仕事にストレスを与え士気を奪ってゆきます。自分で難易度の高い設計をしておきながら、この過酷な施工環境を目の当たりにすると、申し訳ない気持ちになります。

また立体的に建ち上がってきたにもかかわらず、あるいは模型や図面でスケールに問題がないことは何度も検証を重ねてきたにもかかわらず、相変わらず現場を見ると、「本当にこの小ささで大丈夫なのだろうか」との不安が生まれます。RC造は木造や鉄骨造と比較して、最終的なスケールの全貌があらわれるのがかなり先になるため一体いつになったらこの建物のスケールの確証が得られるのだろうか、と自分自身にもストレスが伸しかかります。

ようやく全貌を把握して、一分の一のスケールで「いける！」と確信したのは工事がはじまって約五ヶ月後の11月でした。そのときすべての型枠と支保工（床版の型枠を支える仮設の柱）が外され、生の軀体が地階から三階までを貫いて姿を現したのです。荒々しくも力強い軀体の迫力は、あたかも燃料貯蔵庫のような廃墟のような佇まいでした。ただ純粋にあるべきものがある、無垢な存在感が、ある意味この瞬間に建築を最も美しく見せます【212頁10月31日】。

工事中にも思わずハッとする、設計図からは予想もできない神秘的で真実味のある美しい出来事に出会うことがあります。

出来上がった軀体は、一見図面通りに見えますが、微妙なところが歪んでいて、正確ではありません。円も真円にはなっていません。そこで誤差が最も少ない基準を設定して、これからの内装工事に対しての〝拠り所〟を与えてゆかなければ、円形の階段や本棚を取り付けることはできません。その基準線を与えてゆくのが〝墨出し〟という仕事です。専門の職人がこの極めて困難な墨出しの仕事を何日もかけてしてゆきました。まだ階段が取り付いていないので、各階への上り下りは不自由で危険な梯子のみです。そんな過酷な環境の中、円形の空間の床に描き上げた放射状の墨出し線が、とても美しかったのです【212頁11月1日】。また型枠大工が屋根のスラブの型枠に工事中にマジックで書いた計算式のようなものが、コンクリートに転写されて残っていました。左右反転した文字があたかもダ・ヴィンチの鏡文字のようで、神秘的な雰囲気をもっていました【213頁11月14日】。人に見られることを意識していない、純粋に仕事をするために描かれたものには真実味があります。こんな発見や出会いが現場の力であり、魅力です。

しかし荒々しい無垢な軀体や、次の工事のための走り書きをそのままうっとり眺めているわけにもいきません。遺跡やパビリオンをつくっているわけでもないので〝人が快適に住める、人が不自由なく使える〟といったさらなる美しさへ向けて前進してゆかなければなりません。

この〝人が不自由なく使える〟という段階に向けて大きな役割を担うのが、鉄骨の螺旋階段です。住まう人にとってはもちろんのこと、職人や監督といった現場で仕事をする人にとっても、劇的な快適さをもたらします。鉄骨階段が無事に取り付くか取り付かないかは今回のプロジェクトの成否を左右する重要なポイントです。鉄骨階段を施工してくれるのは西村さんとも付き合いの長い、熊谷の鉄工所です。もともとコンクリートに打ち込んでおいた鉄のプレートとボルトに合わせて階段の段を一つ一つ取り付けてゆきます。そして次には三次元の曲線をもった手すりをとりつけてゆきます。前述した通り、コンクリートの壁面は真円ではなく、微妙に歪んでいるので調整を何度も繰り返しながら根気強く面倒を見ながら施工することになります。ほぼ取り付いた段階で現場に行くと、大きく内部空間の雰囲気が変わり、予想以上に現場が快適になり胸を撫で下ろしました。しかしどうも手すりのカーブや手すり子の歪みが気になり、手直しをお願いすることになりました。ただでさえ大変な仕事であることはわかっていながらも、この建物の生命線となる部分なので、さらに厳しいことを要求してしまいましたが、その期待に応えていただき、結果的に見事な階段が出来上がりました。設計で何度も検証を重ねてきたのも報われて、構造的にも安定した、とても昇降しやすいものになったように思います【213頁11月1日〜12月5日】。

外壁の色を決める時がきました。私が目指したのは、隣の木賃アパートの窓枠の色や、その隣にある工場の鉄骨の柱の色、そして斜向いのトタン塀の勝手口の色です。この建物の周囲にある色であればその色は浮かずに風景にしっくりと収まると思ったのです。松原さんが〝小豆色〟と呼ぶ色です。松原邸を増築したときも松原さんの要望で、この色に外壁を塗り替えました。

阿佐ヶ谷周辺にはこの小豆色が至る所に使われています。いずれもまだ日本が貧しかったころに建てられた住宅や塀で、新しい建物に使われているのはあまり見たことがありません。なぜなら、日本が貧しい時代には〝この色しか使えなかったから〟です。物資が乏しい時代にはペンキも貴重品です。赤、青、黄、白、黒などのペンキが中途半端に残ると、再利用するためにそれらを〝ちょこちょこ〟適当に混ぜる——するとその小豆色ができるのです。チョコレート色にも似ているので〝チョコ色〟と言われたそうです。廃物利用のそうせざるを得なかったものが結果として調和のある町並みのキーカラーになっていったわけです。

関西の阪急電車の車体の色は昔からの伝統を大切にして物資が豊かになった今でもこの小豆色を使っています。今見ると気品があり日本の風景にしっくりと馴染むように思います。その廃物利用の色を、物資が豊かになった現代において、再現するというのも皮肉な話ですが、今回は断熱パウダーの白い粉にこの色を混ぜて目当ての色になるように調整を繰り返しました【213頁12月13日】。

正月早々、塗装のための足場が外れた外観を見に行きました。その姿は狙い通り町並みにひっそりと何ごともなかったかのような風情で溶け込んでいました【214頁1月10日・217頁】。現代の法律からはじき出したこの即物的な建物の形を、「地上に顔を出した地形」と表現しましたがまさにさりげなく自然な印象で、この外観で間違いなかったのだとの手応えを得ました。都市の景観については松原さんの専門であり、関心事です。その松原さんが大切にする景観に関しても、なんとかその期待に応えられたように思います。その後現場に通う時も、あまりにもこの建物が目立たなくて通り過ぎそうになることもしばしばありました。

松原隆一郎

建ち上がる書庫と仏壇の家

書庫の竣工

現場には堀部さんも来ていました。「細かい修正が沢山あって最後の詰めをしていますが、基本形は出来上がりです」とようやく辿り着いたゴールにホッとした様子です。時折「どんなもんだい！」という面持ちも見せます。

2月に入ってから一週間経っただけですが、階段に絨毯を貼り、本棚に塗装をし、一階のシャワー室にタイルを埋めたことで、印象は一変しました。「作品」としての全体像と「住める」感が浮き立ってきています【216頁2月7日】。

小沢敦志さんが塗ってくれた入り口の重い扉を後ろ手で閉めると、室内は完全に密閉され、外光は一筋も入らなくなります。早稲田通りの騒音もぴたりと消え、無音の世界が広がります。連想されるのは、イタリアの小さな修道院でしょうか。荘厳な空間に抱かれて、胸に熱いものがこみ上げてきました。

中央部の周囲は円筒形で、本棚に囲まれています。まだ本が入っていないので区画ごとの個性はありませんが、棚板の内側は一枚一枚円弧のようにカットされ、中央に立ち回転してみると、綺麗に円を描いています。昨日まで本棚の仕切りを削っていた大工さんたちは淡い木目がよほど気に入ったのでしょう、塗装しない方がいいんじゃないかと半ば本気で堀部さんを説得していました。けれども深い茶色で統一してみると、全体に重さが乗りました。重厚な内容の書物を受け止める力のある形状と色合いです。「アカデミックな書庫の威厳」という発想が堀部さんにはあるのでしょう。私としてもそれなりの本を収蔵しなければならなくなりました。

「天井にしても、組む前は屋根のスラブを見ていてこれでもいいなと思ったんですが、ドームができたらこちらの方がいいと分かりましたねぇ」と白井さん。大工さんにせよ、施工する側は局部に執着するのに対し、建築家である堀部さんには全体像が見えているのでしょう。

「階段を上っても距離を感じないいんですよ。時間が経たない感じというか」と白井さんが続けます。堀部建築で言われる「静謐」さが、ここにも表れています。階段を上り下りして見える光景はダイナミックに変わるのに、距離の実感がないのです。私も何回か二階まで往き来しましたが、何度繰り返しても階段に立つ位置が何階なのか自覚できないのです。円筒形であるため、視覚が錯覚してしまうのかもしれません。しかし天井近くの階段、キャットウォークの部分まで上がって地階を見下ろすと、相当な高さです。下が谷底のように見え、吸い込まれるようで怖くなります。落ちればただごとでは済まないでしょう。

書庫部の地階に戻り天井を見上げると、螺旋形に階段が渦巻き、二階まで昇っていきます。階段の内側に立つ手すりも、湖から天空向けて立ち上がる竜のごとく、細い流線形を描いています。天井のドームは白く、中心の穴から陽光がこぼれ落ちます。室内の暗い焦げ茶色とは対照的。この対照が、修道院を連想させるのです。

地階は階段に周囲をとられるため、中央にテーブルを置き椅子で取り囲むと狭いかなと思っていました。ところがその不安は、腰を下ろすと吹き飛びました。階段の下が一メートルほどあり、そこに入り込むと背中の本棚まで心地よいスペースがぐんと広がるのです。かがみ込んで本棚にもたれて座ると頭上にも余裕があり、圧迫感はありません。それならば脚の高いテーブルはやめにして実家から持ってきていた漆の座卓を置けば、接客に使えるでしょう。

本棚を背負うと、逆側の本棚まで床の円は直径が3・6メートルあります。堀部さんは、「この3・6メートルという直径は、縄文時代の住居跡に共通する大きさなんですよ」と言います。我々の祖先が居心地良いと感じた居住空間の規模がこれなのでしょうか。頭上を岩盤のように階段が覆い、落ち着きます。堀部さんはその考えをもとに設計したかのような口ぶりですが、ほんの直前までは階段よりも内側に高いスツールとスタンド照明を置くと言っていたのですから、いま気づいたに違いありません。しかしそんな偶然をたぐり寄せたのも、これまでの住宅設計経験で「居心地の良さ」を考え尽くしてきたからなのでしょう。

私は近年、冬になると手の指先や足の裏が痛いほど冷たくなるので、コンクリートの打ちっ放しでは冷えが深くしみ入るのではないかと心配しましたが、書庫の地階も階段もすべて絨毯が敷き詰められ、床暖房になっていて、足の裏にほんのりと暖かさが伝わります。二階にはエアコンがあるので、上空は書庫の中心部も暖まっています。地階にはガス栓が引いてありますから、ファンヒーターを置けばさらに寒さは防げるでしょう。室温については、やはりしつこく主張して正解でした。

各階の房室は、それぞれ壁が白く塗られています。茶色い岩場のような書庫と白い石灰質の部屋は、印象が対照的。地階は寝室、一階はトイレとシャワー、二階は仕事場とキッチン。二階より上、階段の行き止まりにあたるキャットウォークには、大型のライトが置かれました。それ以外の書棚も、天井となる階段下部の電球で照らされています。深夜でも、懐中電灯で照らさずに本の背表紙が見渡せます。

書棚の塗りむらなど、あと一〇〇箇所は細かい詰めがあるそうで、私はブラインドの発注についてやりとりし、この日はいったん別れました。

そして2月15日。いよいよ引き渡しの日がやってきました。玄関の扉を開けると、すでに堀部さんと塚越さん、時田社長、アルボックス時田の西村さんが先着しています。現場で監督してくれた渡邉さん、白井さんは階段に座っています。家内と、途中経過を連日写真撮影してくれた片岡薫夏さんも到着。地下階の絨毯に正座します。

まず時田社長と私とが引き渡しの書類を床に置き、サインします。続いて堀部事務所ともサインの交換【216頁2月15日】。塚越さんからはこの家にかんする分厚い「使用説明書」をもらいます。電気屋さんとガス屋さんがやってきて、一時間半ほども各部についての使い方を説明してくれました。

その間、関係者は一同にこやかではあるものの、緊張感に覆われてもいます。白井さんはここ半年間、毎日日中ずっとここに張り付いていたのですから、娘を嫁にやるような心境ではないでしょうか。そういえば昨日見に来た時は、すべての床に薄く透明のビニールシートが敷いてあり、まだ塗装の真っ最中でした。本棚の棚板の一枚一枚に職人さんが塗装していたのです。白井さんがいないのでどうしたのかと職人さんに尋ねたら、「熊谷に板を取りに帰りました!」とのこと。棚板を置いてきてしまったようです。渡邉さんもキャットウォークにうつ伏せて本棚の奥を凝視していたので、挨拶ができませんでした。一同が最後まで、それほど現場に集中していたのです。

祖父へのプレゼント

この家の完成までにはいろいろな事情があり、さまざまな人たちがかかわってくれました。出発点は、実家を売却せざるをえなくなり、大きな仏壇の行き場がなくなったことでした。家の古いアルバムから祖父の戦前の仕事をうかがわせる写真が見つかったこともまた、私を強く後押ししました。それがなければ祖父母が所帯を構えた住所を訪ね歩くこともなかったでしょうし、時代に取り残されたような町の片隅で地番を探し歩くこともなかったでしょう。

国内経済閉塞の大正から昭和にかけて戦争の波に乗り、祖父は起業してはカネを生み出したのですが、カネは他人や軍にむしり取られ、私の手元には最終的に実家の売却益の三分の一だけが残りました。記念碑が建つわけでもなく、いま覚えている方々も引退している高齢者ですから、その方々が亡くなり私も続けば、祖父の仕事を知る人は誰もいなくなるでしょう。心血注いだ大和電機製鋼も、人手に渡ってしまいました。仏壇も小さなものに買い換えて処分するなら、「松原」という名前こそ息子に続きますが、祖父の記憶はどこにも残らなくなるのです。

遺産はそれなりの金額ではありますが、使えばじきになくなります。それはあんまりではないか。そこでいくばくかの借金を上乗せして、この「書庫と仏壇の家」が建ち上がったのでした。

振り返れば、祖父は人には裏切られ続けましたが、それは裏切られないような工夫ができなかったということでもあります。社員には尊敬されましたが、裏切られない組織までは築けませんでした。

その点、今回の「阿佐ヶ谷書庫プロジェクト」では、私は人に恵まれました。堀部さんは私のささやかな要望をことごとくはねつけましたが、しかし想像もつかないような素晴らしい案を、おそらくは脳に脂汗をかきながら絞り出してくれました。時田工務店は、地中からガスの本管が出るというアクシデントに見舞われながら、「コンクリートをくり抜く」という前代未聞の難仕事に挑んでくれました。職人さんたちも、どこで仕事をしようと賃金は変わらないであろうに、執念とプライド、確かな技をもって、精密で煩瑣な作業に取り組んでくれました。この書庫は、「不可能を可能にせえ」が口癖だった祖父に相応しい建物となったのです。

家内は、当初は仏壇や実家の植木を自宅に引き取るのを拒み、それが書庫建設のきっかけになったのですが、その後は私の意図をよく理解し、励ますのみならず、本書執筆のきっかけを作ってくれました。私は私で、工事が始まってからはその進行をずっと後ろから追いかけるようにしてこの物語を綴りました。私の息子は螺旋階段を見て、「二重螺旋みたいだ、家族の遺伝を表しているんだね」と感想を述べます。妙に事の本質を言い当てています。

建築完了をもってこのメンバーは解散しますが、誰もがここに関わったことでなんらかの経験を積みました。このような人間関係をもって建ち上げた家を祖父母の仏壇にプレゼントできることを、心から嬉しく思います。長らく倉庫に押し込まれていた仏壇は書庫の二階の一部に入りますが、すべての関係者に見守られ、やすらかに眠るでしょう。

堀部安嗣

竣工

足場が外れると、いよいよ工事も終盤にかかります。終盤のメインはなんといってもドーム天井と本棚です。ドーム天井は内装専門の職人部隊が現場をほぼ貸し切り状態にして、数日かけて集中的に施工してゆきました。軽い鉄骨を曲げた部材を組み合わせて、三次元のドームの下地の骨をつくり、その骨の上に地球儀のような、あるいは剝いた後のミカンの皮のような曲面のボードを貼ってゆきます。最後はジョイント部分をパテで埋めて滑らかに継ぎ目のないように成形してゆきます【213頁12月13日・214頁12月18・20・27日】。このドーム天井ができたことで室内空間の〝光〟が一変しました。

そんな光のもと、次は大工部隊が現場に乗り込んできていよいよ本棚の制作にとりかかります。すでに取り付いている鉄骨の階段とドーム天井を頼りにしながら、一枚一枚の本棚の縦枠を立ててゆきます。これも階段の設置の時のように、微妙に円が歪んでいるために均質に機械的につくることを許しません。

一枚一枚のサイズが異なるので調整を繰り返して取り付けてゆくことになりました。つまり厳密にいうと真円ではないものをあたかも真円に見えるように整え続けてゆく仕事になるのです。

工業化された現代の建築の施工はなるべくこのような面倒のかかる仕事を省くように考えられています。簡単に言うと工場でつくられたものを現場に運び、容易に取り付けられるように工夫がされています。現場で何かを調整するために時間や手間をかける必要がないので、最近の建売り住宅の現場には鉋がありませんし、鉋を掛けられる職人もいません。よく言えば誰もが合理的に、安定して安価に住宅がつくれますが、悪く言えば、職人の技量や良心が問われることもなく、人の顔や手の痕跡も見えることなく、味気なくつくられてゆくことが多くなります。言うまでもなく、今回の仕事はそのような仕事とは正反対のプロセスを踏みます。手間や技量が必要で、ゆえにその職人の人柄や誠意、あるいは技術がそのまま表れます。設計段階では本棚の棚板の正面は手間とコストがかかるので直線で構わないという結論を出しました。つまり円形に見える本棚もよく見ると曲線部分は存在せず、直線で構成された円に近い多角形になることを意味します。しかしそれではせっかく仕事をするのにもったいないと、大工が手間を惜しまずに、すべての棚板を円弧に加工してくれました。これで正真正銘の円形の本棚が完成したのです【214頁1月21日〜215頁1月31日】。私たちの仕事は、このような誠実な職人の良心に支えられてようやく成立しています。そういう気持ちでつくられたものは、その後も〝大切にしよう〟と愛着をもって使うことにつながります。

また建築空間というのは人の身体とその営みを包み込むものです。つまりその空間の質が決定的な影響を人に与えてしまいます。わかりやすく言うと、雑につくられた空間からは雑な人がつくられ、手仕事の確かさと愛情を込めてつくられた空間からは感性が豊かで慎み深い人がつくられるといっても大袈裟ではないように思います。実際、後者のような空間に身を委ねると、それまで心身の調子が悪くても、いつの間にか気持ちがなにかあたたかいものに包まれ穏やかな気持ちになります。

技術と良心を伴った職人が今、日本から消えつつあります。それは私たちの仕事もできなくなることを意味します。素晴らしい職人の仕事に出会うと、感謝とともにこれからもずっとその仕事があり続け、さらに次世代に継承してゆける世の中であってほしいと心から願います。

建築は完成の直前の数日でガラッと様子を変えます。一つは現場の養生（建築本体を保護するための覆い）の有無の違いが大きいような気がします。養生がある時には床の素材は現れていないので〝工事中〟という印象を強くしますが、養生がとれただけで一気に人が住めるところに変化します。

本棚が外壁と同じ小豆色に塗られて建物がほぼ完成したことを白井さんに確認をとり、緊張しながら現場に行きました。重い扉を開け玄関から覗いたその光景は今でも忘れません。何ごともなかったかのような静かで穏やかな空間が現れました。しかもその表情は生まれたての新鮮さに溢れていました。同時にこれならば快適に住める、との確信を得ました。サイズ、スケールもちょうどよく、これ以上狭くてもこれ以上広くても成り立たないような手応えも得られました。ここまで出来上がらなければ得られない確かな手応えでした。「はじめに」で述べたように本と仏壇が収まった姿を素晴らしいと思いましたが、その感動を、胸を撫で下ろすような安堵の感動だとすると、建物が出来上がった瞬間の感動は、まるで新しい生命が誕生した瞬間のような、神秘的で崇高なものに出会ったときに得られるような、本能だけの純度の高い感動と言えばいいでしょうか。

この感動と達成感を伝えたくてすぐに松原さんに来てもらいました。いつも冷静な松原さんもこの時は興奮気味に、「この前とはガラッと変わりましたね」と話され、私が冗談交じりに「実は本当にできるとは思っていませんでした」というと「聞き捨てならない言葉だな！」と笑っていました。ここ数ヶ月現場にほぼ住み込みに近い形で張り付いていた白井さんも、最後の追込みで本当に大変だったと思いますが、その疲れも完成した感動と達成感の方が上回っている感じで熱心に松原さんに建物の説明をしていました。

この建物はこれ以上引くことも足すこともできないものになったと表現しましたが、それ以上に今回の普請にかかわったメンバーそれぞれの誰かが一人欠けても成り立たなかったかのような本当に奇跡的にギリギリなところで建物ができたように思います。そして松原さんが仰った、「今回は本当に人に恵まれました」という言葉に深く共感できたことが、なによりも嬉しかったです。荒波にもまれた厳しい仕事でしたが、この仕事を乗り切るために必要なことを松原さん、幸子さんが17年間にわたってすべて用意し、育んでいただいたからこそ完遂できたのです。長いおつきあいとお互いの信頼感なしでは成立し得ない希有な仕事であったように心から思います。

はじめは、この小さい敷地の中で約一万冊の本と仏壇を収める、ということを物理的に解決するだけで精一杯だと思っていました。しかし、今、あまりにも自然に松原さんの蔵書の中に溶け込み何ごともなかったかのように静かに収まった仏壇を眺めると、私の中でも潜在的にはずっと本と仏壇の関係を重視し、そのよき関係をつくれるプランを求めつづけ、試行錯誤してきたのだと思うことができました。

その関係を見届けながら、仏壇に眠るお祖父さんに計画が無事終わりましたとの報告のお参りをして現場を後にしました。

記憶

堀部安嗣

竣工したばかりの阿佐ヶ谷書庫の本棚に無事、仏壇が収まったところを見た瞬間、〝これでよかったのだ〟と直感的に思った。もちろん、どのプロジェクトにおいても、それぞれに納得の瞬間というものがあるけれども、仏壇を収めたときの納得の種類は他のものとずいぶん違っていたように思う。単に自分が今まで考えてきたことの最適な解を導けたということでもなく、物理的、合理的に辻褄が合ったということとも違う、なにかその光景が現れたことですべてが透き通り、澄み渡ってゆくような、自分の仕事の範囲だけでは語れない、崇高な納得といえばいいだろうか。

そしてこの光景とそのときの感覚をかつてにも経験している、そんな既視感があった。

26歳で独立して最初の仕事である〈ある町医者の記念館〉が鹿児島の陸の孤島のような辺境の地にある。

この町の地域医療に多大な貢献をし、〝赤ひげ先生〟と慕われた医師の遺品や診療所におかれていた家具を保管することがきっかけで計画がはじまった。計画当初は、計画地の隣にかつての古い木造の診療所がまだ残っており、中にはアルコールの消毒液の匂いとともに無造作に遺品がおかれていた。それらは歴史的に特別価値あるものというわけでもなく、当時普通に使われていた器具や家具である。しかし、老朽化して壊される運命にあった診療所もなくなってしまうと、町中の人々に慕われた先生との思い出の手がかりがなくなってしまうため、町の人々にとって思い出がつまった遺品をいつでも見る事ができる〝公開制の蔵〟のような役割の建物を建てることになっていった。

医師を知る町の人の希望は、かつての診療所と同じような木造のノスタルジックで暖かみのある建物で、展示も現役時代の診療所の家具配置などを踏襲したものであった。その光景が町の人々には深く焼き付いているからだ。しかし私が提案したのはRC造で、真っ白い抽象的な空間にただ遺品をポツポツと無造作においただけのプランだった。医師のことをよく知る人たちの感想は、「この建物では先生の人間的なあたたかさが伝わらない」「あまりにも展示や説明が不親切で、先生や診療所の歴史が正確に伝わらないのではないか」といった批判的なものがほとんどであった。それらの感想を聞きながら、本当に自分の計画がふさわしいのかどうかをずいぶんと自問自答した。

そして、なぜ自分がこのような計画をしたのか、説明のための言葉を探るようになった。

そう、私は医師を知る人だけではなく、医師を直接知らない人にも、医療や診療に興味のない人にもひらかれてゆく建築空間を目指した。医師の人間的なあたたかさのようなものを建築で表現するのは不可能であり、〝嘘〟につながるのではないかと思った。この建築は医師と医師を知る人との〝思い出〟やありのままの〝記録〟を表現するのではなく、生前の医師をまったく知らない人にでもなにかを伝えられる場所にしようと思ったのだ。

一つの出来事の〝記録〟はありのままに客観的に表現することができる。ゆえにその記録は姿を変えずにそのまま保存される。それは文書や写真で表現できる。しかし建築は時代とともに、風景や、人の営みや心理にあわせて動いてゆく生き物であるとすればその建築の性質と〝記録〟とは相反するものなのである。

ある町医者の記念館　堀部安嗣　鹿児島県薩摩郡　1995年

人の〝記憶〟はそれぞれ異なっている。ある人はその出来事を楽しかったと記憶するかもしれないが、ある人はその出来事を悲しいと記憶するかもしれない。〝記憶〟とは人の感情をともなっていて、またそれらの感情も時間とともに変化してゆく。そんな人の〝記憶〟そのものを建築が表現することはできないけれども、異なる記憶をもったそれぞれの人が、記憶の断片と断片を繋ぎあわせて新たな記憶を生み出し、蓄積してゆくような、そんな場所を建築が表現することはできる。そして優れた建築、人に感銘を与える建築とは記憶と記憶を繋ぎあわせる力が強い建築といえるのではないだろうか。

当時私には他の場所に仕事がなかったので、工事が始まると同時にかつての診療所の横にあった廃屋のような家を借り、住み込んで現場を見ることとなった。

工事が進行してゆくと、〝はたしてこの計画でよかったのだろうか〟と不安が膨らんできた。医師の遺品を眺めながら、自問自答していたような、すでに他界した医師と会話をしていたような、どちらとも言えないような、そんな不思議な日々が続いたことを思い出す。

建物が竣工し、がらんどうの白い空間ができた。それは単に物理的な〝建物〟の完成を意味し、自分にとってはあまり達成感と充実感を感じられない瞬間であった。その白い空間はあざ笑うように容赦なく自分を挑発してくる。「お前はこんなものをつくってよかったのか」

その挑発に対して抵抗する術を考えた。「そうだ、遺品を入れよう」と。

いてもたってもいられず、かつての診療所から遺品の椅子と往診鞄、それから遺影を運んでそのがらんどうの空間においた。その瞬間背中のゾクゾクした感覚とともに「ああ、これで良かったのだ」とパタッと蓋が閉じ、すべてが終わるような納得があった。白い空間の挑発もスッと消え去り、コロッと態度を変えたようにおとなしくなり、遺品を見守る母性的な表情をすでに見せはじめている。

物理的な計画がうまくいったとか、自分のやってきたことが報われたということでは決してなく、その感覚をあえて言葉にするならば、亡くなった医師が、〝この空間を許してくれた〟そんな感慨だったように思う。死者との対話は想像力を駆使しながらの結局は潜在的な自分の心との対話だ。ゆえに自分にとってもっともわかりにくい恐ろしい存在である。そんな死者からの〝許し〟を感じとった瞬間だったのだ。そう表現すると根拠の乏しい独りよがりの話のように聞こえるかもしれないが、しかし自分のコントロールできる範囲や自分の意識の世界を超えた、もっともっと遠いところで行われた出来事に遭遇したような感覚は間違いのないことだった。

阿佐ヶ谷の書庫の本棚に収まった仏壇を見て安堵したその感覚も「お祖父さんがこの空間を許してくれた」そんな感慨だったのだと思う。孫にあたる人の蔵書に囲まれて眠ることを許してくれ、そしてそれを居心地よく思ってくれたように感じる事ができたのだ。

図書館のように多くの本が集まり、それらを一堂に眺めるとそれは人類の〝記憶〟の集積のように見えてくる。そこに〝故人との記憶の象徴〟といえるような仏壇が加わる事でその記憶の深さが何倍にも深まっていったのではないだろうか。

工事現場から

2012.5 -
2013.2

2012

5月11日
地鎮祭。早稲田通り沿いの約8坪の角地が建設予定地。施主、設計者、施工者がはじめて一堂に会し、工事の無事を祈願する。

5月11日
建設予定地に佇む堀部。ちょうど敷地前に植わっている街路樹を仰ぐ。敷地奥(西側)と路地を挟んだ向かいは住宅、南側は駐車場。

6月11日
掘削工事の途中で地下にガス管が見つかる。本来、早稲田通りの地下にあるはずが敷地側へはみ出していた。移管手続きで工事は中断。

7月23日
工事が再開。建物の土台をつくる基礎工事が始まった。人工的な水平面を出すため、掘削地の上にコンクリート(捨てコン)が流し込まれる。

7月26日
固まった捨てコンの上に地階の床面の鉄筋をぎっしりと組む。この後さらにコンクリートを流し込み頑強な床が出来上がる。

7月26日
正しく鉄筋を配置するために敷地外にも基準となる印(逃げ墨)を測量業者が引く。書斎円心、書庫円心につながるガイドラインになる。

7月27日
保険業者が、構造図の通りに基礎の鉄筋が配置されているかを検査しに来た。後の工程でもこのような検査が繰り返し行われる。

7月30日
地階床のコンクリート打設(流し込み)が済み、地階壁の配筋が始まる。コンクリートの上にもガイドラインとなる墨線が引かれている。

8月3日
墨線に沿って地階の壁の配筋が進み、円のかたちが見えてくる。猛暑のなか、半地下での作業のため現場には扇風機が設置される。

8月8日
地階の鉄筋が組みあがると、コンクリートを流しこむための型枠(板)づくりが始まる。現場で成形し、鉄筋を挟むように設置してゆく。

8月18日
地階壁面の内側の型枠が配置され、きれいな円筒になる。厚みが一定でない壁や地下部分の明かりとりの型枠設置は難度が非常に高い。

8月21日
地階壁面の外側の型枠が設置された。四角の塊から円筒を刳りぬいた空間が出来てゆく。コンクリートの打設作業は1階ごとに進む。

8月22日
地階のコンクリート打設が始まる。奥のトラックミキサー内の生コンクリートが手前のポンプ車により型枠の内側に流し込まれる。

9月5日
地階に打設されたコンクリートが固まり、1階部分(壁面)の型枠設置が始まる。地階で行った作業(墨引き→配筋→打設)を繰り返す。

9月25日
1階のコンクリート打設が済み、2階の作業も同じように進む。ネット越しに2階の仮の天井(3つの円形)が部分的に見える。

10月2日
打設の済んだ1階部分の上に2階壁面の型枠を設置している。ネットと軀体の間の足場も非常に狭く、不安定な状態での作業が続く。

10月11日
2階部分の打設が終了。全体のボリュームがいよいよ見えてくる。屋根もRC造のため型枠を設置する。歪んだ四辺形なので難しい。

10月19日
ロフト階上部と屋根の打設の日。この日使用する生コンの緩さを計ったり、一部を円柱に詰めて強度測定のため試験所に持って行く。

10月19日
ポンプ車から生コンが排出される。職人がホースを持ち屋根の上に満遍なくのせていく。現場監督と万が一に備え型枠の職人も屋上に。

10月19日
屋根に排出された生コンは即座にトンボでならす。同時に天窓部分の打設作業もしている。これが終われば打設の工程は完了。

10月31日
ロフト階上部と屋根のコンクリートが固まり、型枠を外すと躯体内部が露わになる。天窓からは自然光が。建築内部の工事が始まる。

10月31日
型枠を外し、躯体を上からみたところ。円筒の壁面はきれいに見えるが、図面の数値と数ミリ程度の微細なズレが多数生じている。

10月31日
内装工事のための墨出しを行う。計測器とメジャーであらゆるポイントを実測し、基準点(書庫の円心)を定めていく。

11月1日
階段の取り付け作業の前に設計の担当者が現場に来て、職人と相談をする。庇のように見える部分は階段の踊り場となる。

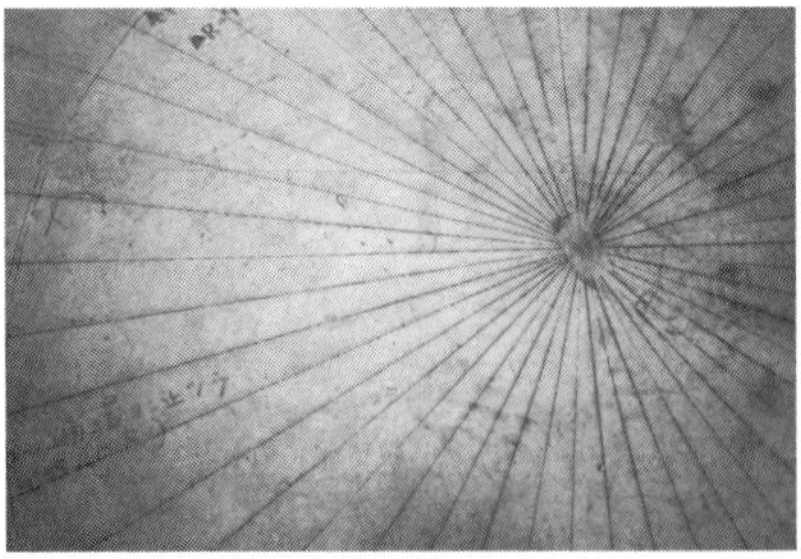

11月1日
コンクリートの床に描かれた墨出し線。ここから、階段や本棚の正確な位置を導き出し、内装の施工が進む。堀部曰く工事の〝拠り所〟。

11月1日
壁面に埋まっている鉄の部材は階段を取り付けるもの。図面上の数値との相違を確認しながら、取り付けに必要な印を書きつけていく。

11月7日
階段が仮留めで取り付けられた。全重量約3tの鉄の階段を1段ずつ書庫の円心に向け、美しい弧を描くように調整していった。

11月14日
仮留めの後、階段を溶接した。図面からズレが生じている壁面に、図面通りの螺旋を描くよう階段を取り付ける。

11月14日
職人が天井の型枠に描いた計算式が、コンクリートに転写されていた。ダ・ヴィンチの鏡文字のよう。やがてドームに覆われる。

11月22日
階段に鉄製の手すりとその支柱を取り付ける。ここでも微細なズレを調節しながら自然な螺旋を描くようにとりつけるべく苦心する。

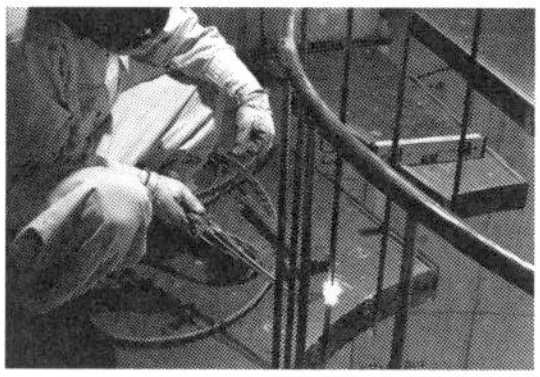

12月5日
支柱をバーナーで熱しているところ。堀部より要望があり、切ったり、外したり、曲げたり、叩いたりの手すりの調整作業が続いている。

12月5日
最上部から見下ろすと、手すりも美しい螺旋を描くようになった。支柱も試行錯誤を経て、ようやく堀部のOKサインが増えてくる。

12月13日
外壁の色は、塗装前に断熱剤を混ぜた見本をいくつもつくった。どれも、周囲の景観にあわせ微妙な違いの〝小豆色〟。

12月13日
吹き抜けの頂き部分で、ドーム型天井の工事が始まった。ドームの下地組は軽量鉄骨材を現場でカット・溶接しながら作っていく。

12月18日
ドーム型天井の下地組が完成した。中央の穴はアクリル板をはめて明かり取りにする。同様のドームを住居部分の吹き抜けにもつくる。

12月18日
床の作業も始まる。女性の大工が、木材で根太（床組下地）を組んでいるところ。このあと床板と断熱材を敷きつめてゆく。

12月20日
曲がるボードを下地組に沿わせて、ショットガンのようなもので二重に打ち付けてゆく。ボード裏には断熱材が入れてある。

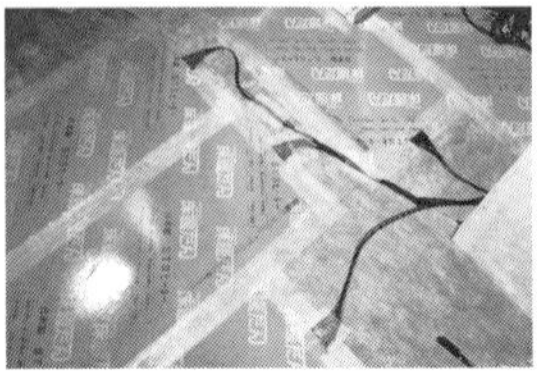

12月26日
床の作業が進み、床暖房がはまった。建物全体にも電気が配線され、室内の照明もつくように。作業もしやすくなった。

12月27日
下地組に打ちつけたボードの間の目地をパテで埋めて、白く塗装する。まるで漆喰づくりのようなドームが一気にでき上がってゆく。

2013

1月9日
塗装工が寝室の壁を塗る。躯体のコンクリートに直接塗布する。塗料にはヒートカットパウダー（断熱粒素）が混ぜてある。

1月10日
タイル工が1階の浴室のタイル貼りをしている。浴室は円筒形で、壁が曲面になっているので、タイルは細長いものを使用。

1月10日
ブルーネットが外れると、塗装の終わった書庫の全体が現れる。屋根にはガルバリウムの鋼板もとりつけられた。北東側からのぞむ。

1月17日
寸法を調節しながら、スチール階段の裏面に木の板を張る。吹き抜けの空間では階段裏が頭上に見えるため天井としての処理を施す。

1月21日
本棚の設置作業が、縦の仕切りの設置から始まる。その間隔は階段の幅と一致しており、書庫スペースの基本単位となっている。

1月21日
本棚の取り付けは地階から最上部までたくさんの大工が一斉にとりかかる。横に設置した棚板の総数は約500枚になる。

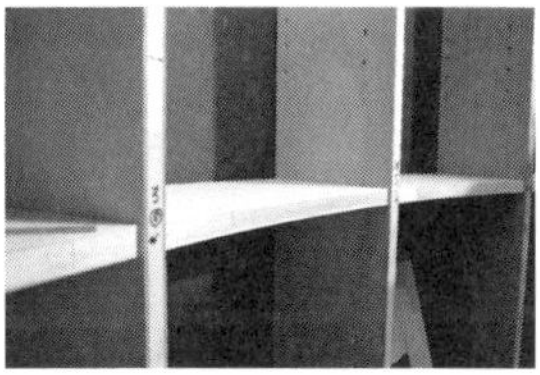

1月21日
弧を描く本棚の手前部分。本来は24本の直線で多角形を描くはずだったのを職人が真円を描くよう微妙な調整を繰り返した。

1月21日
本棚の調整や家具類の取り付けなどさまざまな内装作業が同時進行で進むため、狭い室内は作業の音と大量の木屑で騒然としてくる。

1月29日
本棚の設置作業が終了し、堀部が室内の明るさを確認しにきた。階段最上部（キャットウォーク）の照明が新たに増えることになる。

1月31日
本棚にすべての棚板が収まった。本棚もまた美しい円弧を描く。階段裏と手すりは黒く塗装され、全体の印象が引き締まった。

2月1日
仏壇を収めるスペースでは木枠を設置する作業が進む。コンクリートの壁の厚みを活かし、周囲の本棚より奥行きがとられている。

2月1日
書庫の建設にともない、早稲田通り沿いの歩道が都により整備される。道路標識や電柱の位置が変更され、点字ブロックが敷設された。

2月7日
建て付け家具や手すりの塗装も済み、ほぼ内装も完了。床には絨毯が敷かれ、住居としての佇まいが出てくる。この日、松原にお披露目。

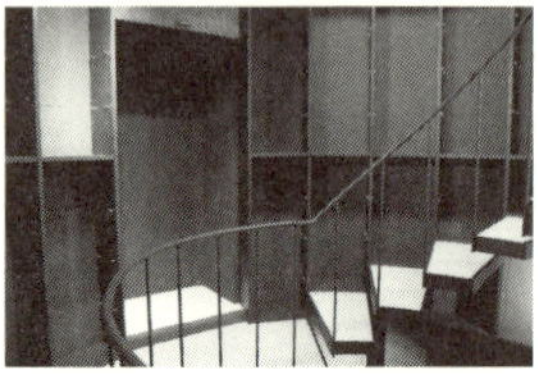

2月7日
仏壇が納められる部分。分厚いRCの壁が刳りぬかれたようなスペース。これから仏壇と大量の書籍を収納する大仕事が待っている。

2月15日
地階で引渡しの手続き。ふたたび施主、設計者、施工者が揃う。契約書を交わし、松原は「使用説明書」をもらう。ガスや電気の説明も。

2月25日
本の収蔵を前にした本棚の姿。隅々にまで渡る堀部のこだわりが反映された完成形。モノトーンの空間は、修道院のような雰囲気。

2月26日
本の引っ越し。約1万冊の蔵書が次々と運び込まれ、階段のこちら側からあちら側へ手渡しで、棚に収められていく。約20人が作業。

2月27日
1日がかりで1万冊の本が収まる。本の配置は事前に松原からジャンル別に指定されていた。画集など大判の本は立てかけたりも。

2月27日
仏壇も無事納まった。溜色が周囲の本棚とよく馴染んでいる。近くの棚には、家族の歴史がつまったアルバムが収められている。

2月27日
竣工後の外観。冬は街路樹が落葉するので、書斎部分のブラインドが下ろされている。周囲の家々のなかで、さりげなくも存在感を放つ。

阿佐ヶ谷の書庫

主要用途　書庫
敷地面積　28.70㎡（8.68坪）
建築面積　20.83㎡（6.30坪）
延床面積　46.24㎡
　　　　　B1階 15.39㎡／1階 13.19㎡
　　　　　2階 13.24㎡／ロフト階 4.42㎡
構造　鉄筋コンクリート
規模　地上2階 地下1階
着工　2012年5月
竣工　2013年2月
構造設計　多田脩二構造設計事務所
施工　時田工務店＋アルボックス時田

松原隆一郎

おわりに

書庫の引き渡しを受け、はや一年が経ちました。日々新たな発見があり、この書庫とのつきあい方が少しずつ分かってきました。

仏壇は予定通り天蓋の下に収まり、天窓から降り注ぐ淡い光を浴びています。私はほぼ毎日この書庫に来ますが、その都度お線香をあげ、蠟燭を灯して合掌しています。白檀のお香の良い匂いが立ち籠め、落ち着きます。

本棚には、約一万冊の本を運び込みました。粗い選書なので、現状ではここにふさわしくない本も入っています。今後、書棚がルイス・サフォンの『風の影』に出てくる「本の墓場」となるのか、ちゃんと活用されるのかは私の心がけ次第でしょう。とりあえず書棚のセルごとに分類名を付け、収蔵してみました。このセルは、私の頭の中身を示しています。さらに次に始める連載については、章立てに応じて各章ごとにセルに参考文献を入れてみました。こうやって本を書き始めるのは初めての経験です。

実家から持ってきた万年青の鉢を部屋に置こうかと思っていましたが、予定を変更して幅一メートルに足りない周囲の土地に植えてみました。サルスベリの幹も中央に置き、ウロにはコケが忍ばせてあります。毎日水やりしていると、ひっそりと花を咲かせるもの、凶暴なほど繁茂するもの、葉を車道まで突き出すものなど、日々、元気に応えてくれます。

仕事場には、日中は南の陽が差します。地階の寝室は完全に無音なので、どこで寝ているのか分からなくなるほど深く眠れます。この部屋の壁に、魚崎の家の応接間に長らく飾ってあった風景画を架けました。つげ義春の「紅い花」のようでもあり、懐かしくも神秘的です。

緊張感のある空間を維持したいと、知人の方に毎週掃除をしてもらっています。本の前面を揃えるほど熱心にやって下さるので、ホテルに泊まるような清々しさが維持できています。

ただし、夏に暑く冬に凍えるほど寒いというのは、予想以上でした。夏はエアコンだけでは各階の部屋は涼しくならず、サーキュレーターを買い足しました。冬は床暖房とガスファンヒーターをつけてもうとうとすると風邪をひきそうです。ヒーターは一回り大きい物が必要なようです。

祖父が戦前にどのような仕事をしていたのかは、この本を書くまでは朧気にしか知りませんでした。詳細はいまだ大半が不明ですが、それでも細々とした手がかりをたどり、東出町をはじめ神戸の文書館や法務局、外務省史料館や瀬戸内の島（怒和島）を訪ねています。

父の代までの家族はバラバラになってしまいましたが、祖父に始まる松原家の記憶や記録の断片をジグソーパズルのように組み立てる作業は私の実家に対する刺々しい気持ちを少しずつ緩めてくれています。この書庫は私の後半生で、ありえたはずの松原家を想像する拠り所となるかもしれません。

おわりに

堀部安嗣

一つの建物の設計の仕事を登山に例えると、期待と不安を抱きながらまだ見ぬ頂上を目指して上っている時が、設計をしているときであり、また工事中の現場に通っている時であるように思います。そう考えると、困難の末に頂上に辿り着いた時は、建物が完成した時といえるのではないかと思います。

この本を書きはじめたときはまさに頂上に辿り着いた時の感慨を表し、そしてその頂からの風景を描こうとしたのです。そして、このあとがきを書いている現在は〈阿佐ヶ谷の書庫〉という山を下りている最中のような気がします。そう、まだ登山は完遂しておらず、これからも時間をかけて山を下りてゆくことになるように思うのです。

では、なぜまだ下山の最中かと言えば、これから何年も先、あの書庫が一体どういうふうに使われてゆくのか、どのようなことがあの建物をとりまいて起こるのか、あるいは経年変化とともにどこか具合が悪くなりはしないかなど、時間をかけて見届けてゆくことがまだまだ残されているからです。山を上っている時間よりも下山している時間の方が圧倒的に長いのが建築の設計の宿命であり、特徴です。

この仕事をはじめたころは、心の底からの達成感を建物が完成してもなかなか得られないことを苛立たしく思うことも少なくありませんでした。いつまでも何かしらの不安を抱えつつ時間を過ごすことになるからです。

けれども事務所を開設して20年、習い性でしょうか、今はすっかりと気が長くなりました。そしてこの時間のかかる下山は決して悪いことばかりではないと思えるようになったのです。現実の様々な問題に直面することで、視界が狭くなり、気づくべき大切なことにも気づけなかった上りに対し、下りは余裕とともに見逃した風景や出来事に気づくことができ、改めてその美しさや有り難さを感じることができます。今回はこのように本を書くことで、今まで以上に上りだけでは気づけなかったことを数多く気づかせていただいたように思います。

さて、〈阿佐ヶ谷の書庫〉という山はいったいどのような山だったのでしょう。一人で上りはじめたころはまさに難攻不落の険しい山だと感じていました。その時の印象が強く、上りはその思いにずっと捉われていましたが、今こうして余裕をもって山を下りていると、実は穏やかでかつ変化に富み、彩りに溢れた美しい山であるとの思いを強くします。今、あの空間で松原さんは何気なく本に囲まれ執筆をしています。あの町の中であたかもなにごともなかったかのように建物はひっそりと佇んでいます。その穏やかな世界を創出できたのは登山で出会った人に恵まれたからにほかなりません。今回の建設に、そしてこの本づくりに関わったすべての方々に深く感謝を申し上げたいと思います。

松原隆一郎　まつばら・りゅういちろう

社会経済学者。東京大学大学院総合文化研究科教授。1956年、兵庫県神戸市生まれ。東京大学工学部都市工学科卒、同大学院経済学研究科博士課程単位取得退学。著書に『消費資本主義のゆくえ』（ちくま新書）、『分断される経済』（NHKブックス）、『日本経済論』（NHK出版新書）、『ケインズとハイエク』（講談社現代新書）、『失われた景観』（PHP新書）など。

堀部安嗣　ほりべ・やすし

建築家。京都造形芸術大学大学院教授。1967年、神奈川県横浜市生まれ。筑波大学芸術専門学群環境デザインコース卒業。益子アトリエにて益子義弘に師事。1994年、堀部安嗣建築設計事務所を設立。2002年、〈牛久のギャラリー〉で吉岡賞受賞。主な作品に〈南の家〉〈由比ガ浜の家〉〈市原の家〉など。著書に『堀部安嗣の建築　form and imagination』（TOTO出版）。

協力
田中政利（松山離島振興協会、怒和島）
六條進（東出町）
光本酒店（東出町）
山本竹治（大和電機製鋼）
前川俊治（大和電機製鋼）
戦没した船と海員の資料館
戦没船を記録する会
戦前船舶研究会
神戸市文書館
森桜（森オフィス）
海老名熱実（元日本郵船歴史博物館学芸員）
片岡薫夏

参考文献

『戦時日本船名録 その要目と戦時被害記録 1937〜1950』（全11巻）林寛司編 戦前船舶研究会 2006
『神戸市商工名鑑』神戸市産業課 1937
『明治大正昭和神戸人名録』日本図書センター 2000
『ダイワスチール40周年記念誌』ダイワスチール 1993
『中内㓛回想録』中内学園流通科学大学 2006

写真
堀部安嗣　p1-9, p11, p12-14, p83, p106, p107, p109, p112上・下, p127, p142, p150, p154, p164, p166-167, p207, p212右下, 同左中, p213右,p214右中, 同右下, p217
松原隆一郎　p32-33, p36-37, p49, p55, p62, p88, p112中, p210右中
内藤廣建築設計事務所　p96下（2点とも）
片岡薫夏　p210-216（p210右中, p212右下, 同左中, p213右下 p214右中, 同右下をのぞく）
松藤庄平（新潮社写真部）　p96上（2点とも）

地図
網谷貴博（アトリエ・プラン）　p75, p91

ブックデザイン
有山達也＋山本祐衣（アリヤマデザインストア）

本書の松原隆一郎の文章は新潮社HPに連載された「阿佐ヶ谷書庫プロジェクト」（2012年9月-2013年3月）に、堀部安嗣の文章「ふたつの目」（p108）は「住宅建築」2008年8月号（建築資料研究社）に、それぞれ加筆修正したものです。その他は本書のための書下ろしです。

書庫《しょこ》を建《た》てる

1万冊《まんさつ》の本《ほん》を収《おさ》める狭小住宅《きょうしょうじゅうたく》プロジェクト

著者　松原隆一郎《まつばらりゅういちろう》
　　　堀部安嗣《ほりべやすし》

発行　2014年2月25日
4刷　2023年8月10日

発行者　佐藤隆信
発行所　株式会社新潮社
〒162-8711 東京都新宿区矢来町71
電話　編集部　03-3266-5611
　　　読者係　03-3266-5111
URL　http://www.shinchosha.co.jp

印刷所　半七写真印刷工業株式会社
製本所　加藤製本株式会社

ISBN978-4-10-335291-4 C0052